China
¿Dragón o parásito?

China
¿Dragón o parásito?

Hacia la nueva era del coronavirus

Julián Pavón

Plataforma
Editorial

Primera edición en esta colección: mayo de 2012
Cuarta edición (actualizada y ampliada): junio de 2020

© Julián Pavón, 2012, 2020
© de la presente edición: Plataforma Editorial, 2012, 2020

Edición original a cargo de Marta García Aller

Plataforma Editorial
c/ Muntaner, 269, entlo. 1ª – 08021 Barcelona
Tel.: (+34) 93 494 79 99 – Fax: (+34) 93 419 23 14
www.plataformaeditorial.com
info@plataformaeditorial.com

Depósito legal: B-10604-2020
ISBN: 978-84-18285-27-1
Printed in Spain – Impreso en España

Diseño de cubierta y fotocomposición:
Grafime

El papel que se ha utilizado para imprimir este libro proviene
de explotaciones forestales controladas, donde se respetan
los valores ecológicos, sociales y el desarrollo sostenible del bosque.

Impresión:
Romanyà-Valls (Barcelona)
www.romanyavalls.com

Índice

1.
Un cambio de era: el siglo del dragón

«Las especies que sobreviven no son las más fuertes ni las más inteligentes, sino las que mejor se adaptan al cambio.»

CHARLES DARWIN

«Ojalá vivas tiempos interesantes», dice una maldición china. Y los tiempos que nos han tocado vivir, sin duda, lo son. Estamos inmersos en un periodo de profunda transformación que abarca cambios decisivos en el mundo tal y como lo conocemos. Son cambios tecnológicos, sociales, económicos y geopolíticos. Pero el más trascendente de todos, la mayor de las transformaciones que nos depara el siglo XXI, es, sin duda, el del despertar del dragón chino. Este es el primero y más decisivo de los cambios para el que deberíamos estar preparándonos todos, tanto los gobiernos como las empresas y las universidades.

Cómo iba yo a imaginar que tres millones de personas verían en Internet mis vídeos sobre el modelo económico chino. ¡Tres millones de visitas! Todo empezó como suceden normalmente las cosas importantes en la vida, por azar, cuando la escuela de negocios que dirigía, CEPADE, perteneciente a la Universidad Politécnica de Madrid, me propuso en 2010 grabar un vídeo explicando el auge económico de China y su relación con la crisis económica actual. Hasta entonces, el caso chino solo lo había mencionado de soslayo en algún otro vídeo sobre la crisis financiera mundial. El interés que despertó el vídeo titulado «El modelo parasitario chino» es el que ha inspirado este libro, y es la mejor prueba del enorme interés de la ciudadanía por comprender el despertar económico de China, el acontecimiento político y económico más importante del siglo XXI. Despertar que, sin duda, adquirirá velocidad de crucero con la crisis del coronavirus, como veremos más adelante.

[...] la expansión parasitaria china
se basa en crear empresas chinas que
emplean a chinos para vender productos
chinos fabricados por chinos en China.

En España basta con dar un paseo por las calles céntricas de cualquier ciudad o por sus polígonos industriales más importantes. Ahí se verá que China ya está aplicando, implacablemente, su modelo de expansión económica. Tan sencillo es de entender su funcionamiento que no hace falta ni pizarra ni fórmula alguna para explicar esta fórmula de éxito económico: la expansión parasitaria china se basa en crear empresas chinas que emplean a chinos para vender productos chinos fabricados por chinos en China. Es un modelo cerrado en el que los chinos residentes en China producen y los chinos fuera de China distribuyen y absorben recursos de Occidente que se incorporan a China, pues el modelo se completa con la canalización de gran parte de los beneficios que estas empresas obtienen a través de bancos chinos en el extranjero que envían dicho dinero a China.

China está aumentando continuamente sus reservas en divisas y, por tanto, su poder en los mercados internacionales. Hasta tal punto esto es así que en 2019 China tenía la increíble cantidad de tres billones y medio de dólares en divisas (casi tres veces la renta nacional de España). Con esta enorme reserva de liquidez, cuyo flujo sigue aumentando continuamente desde los distintos países, el Gobierno chino podría comprar el mundo. Y ya ha empezado a hacerlo.

La estrategia de China podríamos denominarla estrategia de esponja: absorbe por sus poros los recursos de Occidente y los traslada a China. El continuo incremento de los poros, al abrir sin cesar pequeños comercios en numerosísimas ciudades y pueblos de todo el mundo, hace que el tamaño de la esponja aumente radicalmente y que el proceso de transferencia de recursos de Occidente a China adquiera una velocidad creciente, por lo que la situación se agrava por momentos sin que Occidente sea capaz de reaccionar.

China no solo está adquiriendo la deuda pública de los países más importantes del mundo, incluidos los Estados Unidos y Europa, con el consiguiente poder político y negociador que esto le otorga ante sus economías y gobiernos. El Dragón Rojo también está comprando las empresas que controlan las materias primas estratégicas, tanto en África como en América Latina. Poco a poco China se está haciendo con el control de los recursos alimenticios, energéticos y minerales del planeta y de la economía mundial.

> [...] en 2019 China tenía la increíble
> cantidad de tres billones y medio
> de dólares en divisas (casi tres veces
> la renta nacional de España).

Ni en sus sueños más ambiciosos Mao Zedong hubiera podido imaginar algo similar. La China comunista marxista-maoísta, con una dictadura del proletariado que no da libertad de asociación a sus trabajadores ni libertad de expresión ni de voto, ni siquiera de acceso a Internet a sus ciudadanos, está desarrollándose económicamente con una fortaleza enorme mientras parasita masivamente las economías capitalistas, y además con sus propias armas, es decir, con las armas del mercado.

China ya no es tan solo la fábrica del mundo, ahora es también el banquero del mundo, y ha conseguido todo ello en poco más de treinta años, desarrollando su estrategia con una enorme discreción. Pasar desapercibido para el enemigo es parte de la filosofía tradicional china que tanto su cultura como su plan de expansión económica tienen interiorizada en su estrategia.

Occidente se enfrenta a la emergencia del poder hegemónico de China en un desplazamiento sin precedentes de la supremacía económica hacia el país más poblado de la Tierra. En las próximas páginas veremos cómo China está tomando posiciones en los cinco continentes y succionando sus recursos energéticos, productivos y financieros cuando más necesarios van a ser. No olvidemos que China está preparando su reinado en un contexto en que el planeta crece en mil millones de personas cada doce años. ¡Mil millones de personas cada doce años! Garantizarse el abastecimiento de recursos es garantizarse la supervivencia y el poder.

En 1987 éramos en la Tierra cinco mil millones de habitantes; en 1999 éramos seis mil millones, en 2011 pasamos a ser siete mil millones y en 2020 somos siete mil ochocientos millones. ¿No nos damos cuenta de lo que esto significa? Estamos ante un cambio de era. ¿Puede la Tierra aguantar mil millones de personas más cada doce años? Si, además, un tercio de este aumento de población está en China y en la India (dos mil quinientos millones de personas entre ambos), que crecen a un ritmo próximo al 10 % anual, imaginemos la cantidad de materias primas, recursos energéticos y recursos alimentarios que tienen que absorber los dos países más poblados de la Tierra en los próximos años.

El mundo está cambiando a una velocidad abrumadora. Es como si viviéramos «años de perro», cada uno de ahora vale por siete de antes. Pero estamos tratando la crisis actual como si fuera un cambio de ciclo convencional, como si no fuéramos capaces de darnos cuenta de la profundidad del cambio que vivimos. Lo que estamos viviendo es un auténtico cambio de era. Y todas las reglas del juego cambian también.

Todo cambio de era tiene en su origen no solo aspectos geopolíticos y económicos como los que estamos mencionando, sino también la aparición y el desarrollo de tecnologías que cambian radicalmente la forma de vivir y de interpretar la realidad. Igual que la imprenta, el ferrocarril o el telégrafo cambiaron para siempre la historia de la humanidad, ahora estamos viviendo una revolución tecnológica que determinará las características de la era del Dragón o del coronavirus. Así ocurrirá con las revoluciones vinculadas a la inteligencia artificial y al 5G que, como veremos más adelante, contribuyen, por un lado, a potenciar el control social y político interno de China y, por otro, a acelerar la carrera tecnológica por el liderazgo de las tecnologías de la información de la que, desafortunadamente, Europa está quedando excluida.

Pero ¿qué pasa con Europa? Lejos de estar adaptándose al ritmo de cambio que imponen los tiempos, el viejo continente se encuentra desarmado institucional y económicamente para hacer frente a los enormes desafíos globales que se avecinan. Los Estados Unidos, por su parte, están demasiado preocupados porque China les siga comprando su deuda pública como para reaccionar. Y entretanto las multinacionales de Europa y de los Estados Unidos están actuando con poca visión de futuro ante este cambio de roles geopolíticos. Las empresas están tomando desde hace más de una década posiciones en el mercado chino y buscando, como es natural, el beneficio en su cuenta de resultados a corto plazo. Subestiman, sin embargo, los planes del Dragón. Aunque abrirse paso en el mercado chino y desde el mercado chino les parezca la panacea a muchas corporaciones multinacionales que con la crisis financiera en Occidente no tienen muchas posibilidades de crecimiento en sus mercados tradicionales, a la larga están sembrando la semilla de su propia destrucción. También aquí veremos por qué en estas páginas.

China es el mayor tenedor de deuda estadounidense, con 1,15 billones de dólares en bonos y letras del Tesoro americano. Es decir, los Estados Unidos deben a China 1,15 billones de dólares.

Desde que las economías occidentales empezaron a tambalearse con la caída de Lehman Brothers en septiembre de 2008, en el que fuera el mes más dramático que Wall Street ha vivido en su historia reciente, China ha jugado muy bien sus cartas. Unos pocos años más tarde, se ha convertido en el primer banquero del mundo y es la gran ganadora de la crisis financiera y económica mundial gracias a su elevada tasa de ahorro y a las audaces posiciones que han tomado sus instituciones financieras, tanto en los Estados Unidos como en Europa. China es el mayor tenedor de deuda estadounidense, con 1,15 billones de dólares en bonos y letras del Tesoro americano. Es decir, los Estados Unidos deben a China 1,15 billones de dólares.

No está claro cuánta participación en la deuda europea tiene Pekín, pero lo que sí han dejado claro las autoridades chinas es que va en aumento la atención que piensan prestarles a las economías europeas, en un intento claro de ganar influencia y poder económico en el viejo continente.

Las empresas occidentales son también ahora objetivo de China. La reciente creación de dos fondos especializados en la adquisición de activos o participaciones en empresas de los Estados Unidos y Europa, por un importe de 225.000 millones de dólares, delata su interés. Ver cómo los chinos controlan e influyen, vía inversión directa, en empresas estratégicas de los países occidentales es algo a lo que deberíamos ir acostumbrándonos. La compra al Estado luso de Electricidade de Portugal o la posible compra en este año 2020 de la línea aérea portuguesa TAP no son más que un aperitivo de lo que luego veremos.

El caso es que China está empezando a dictar las reglas del juego. Queramos o no verlo, quieran o no aceptarlo nuestros gobernantes, esta es la realidad económica que se está imponiendo. La gravedad de la situación es mayúscula si tenemos en cuenta el tipo de régimen político del que hablamos. China no es una superpotencia más. Es el país más poblado de la Tierra bajo las órdenes de una de las dictaduras aparentemente más sólidas del planeta, el Partido Comunista Chino.

Con la arrogancia política que le dio a Occidente la caída

del muro de Berlín, se popularizó la idea de que la apertura económica llevaría inevitablemente a la apertura política y a la democratización de cualquier país y que, por tanto, no había de qué preocuparse. El ansia de progreso económico traería la democracia liberal a los pueblos. Pero estamos viendo que progreso económico y democracia no siempre van de la mano, y puede que sí, que haya de qué preocuparse. No solo los chinos aceptan que el suyo es un modelo distinto de la democracia de mercado, sino que, además, empiezan a considerarlo superior. Es decir, se están reafirmando en que su modelo de comunismo de mercado es más eficiente que nuestro sistema democrático liberal en términos económicos. Poco les importa que con ello se sacrifiquen las libertades individuales para gloria de este nuevo modelo de control que podríamos identificar como Partido Comunista-Consumista Chino. Los gobernantes chinos están trabajando en este momento en la justificación ideológica de este partido, que mezcla las premisas comunistas con una nueva interpretación del capitalismo de consumo, lo que provoca tensiones internas ante la inminencia de los dos grandes acontecimientos en China: el centenario de la creación del Partido Comunista Chino en 2021 y el XX Congreso del Partido Comunista Chino, que se celebrará en 2022.

Lo que estamos viviendo es un cambio de era en el que coincide la aceleración del cambio demográfico, con el desarrollo imparable de China y el trasvase de recursos y poder politicoeconómico de Occidente a Oriente, con la impresionante revolución de Internet en nuestros hábitos de vida, de comunicación, de formación y de trabajo. Es una verdadera revolución.

Así que esto no es otra crisis cíclica, como han querido verla algunos analistas. Esta vez, como lo fue en el siglo IV para el Imperio romano, es diferente. Para sobrevivir no nos queda otra que adaptar nuestras instituciones y adaptarnos nosotros mismos a la nueva situación. El primer paso es conocerla.

2.
Y el gigante despertó

«¿China? Ahí yace un gigante dormido.
¡Dejémoslo dormir!
Cuando despierte, el mundo temblará.»

NAPOLEÓN BONAPARTE

China siempre ha estado cerrada sobre sí misma. La muralla china tenía el aspecto defensivo contra el invasor, pero su misión también era la de contención. Debía evitar las invasiones, sí, pero también que el pueblo saliese al exterior. Traspasar la muralla estuvo penado durante siglos con la pena de muerte. Y si China siempre se ha cerrado sobre sí misma es porque ha podido permitírselo. Haber sido autosuficiente era su mayor lujo.

Marco Polo, en el siglo XIII, fue el primer occidental que inició contactos comerciales con este inmenso país. Pero China comienza a abrirse al exterior cuando Occidente potencia su comercio con ella en el siglo XVI, a través de las colonias británicas y portuguesas establecidas en la India. Ya entonces empieza a producirse un alto déficit comercial en

Europa, dado que China exportaba muchos productos de interés a las potencias europeas (porcelana, seda, té, etcétera), mientras que estas apenas tenían riquezas que interesaran a la siempre independiente China.

Este déficit comercial endémico de los siglos XVII y XVIII eclosiona en el siglo XIX con un episodio crucial para entender cómo hemos llegado hasta aquí: las cruentísimas guerras del opio. Los ingleses, preocupados por la baja demanda de mercancías británicas en China y su creciente dependencia comercial, desatan en 1839 la primera guerra del opio contra el gigante asiático. La Corona británica, cuyas arcas estaban maltrechas a raíz de las guerras napoleónicas, quería seguir exportando a China el opio que cultivaba en la India británica para compensar con ello su balanza comercial. Desafía por ello la prohibición de comerciar con opio que instaura el Gobierno imperial chino, preocupado por los estragos que la generalización de esta droga estaba causando en su pueblo. Se trata, posiblemente, de una de las mayores barbaridades que se han podido cometer en el mundo desde el punto de vista colonial: desatar una guerra para convertir a un país en drogodependiente por intereses comerciales.

En la primera de las guerras del opio únicamente participó Inglaterra, cuya potente armada se bastó para ganar a una China que aún luchaba con espadas; es tras la derrota de esta primera guerra que Hong Kong pasa a manos de la Corona británica. En la segunda mitad del siglo XIX a Inglaterra se le unen Francia y los Estados Unidos, que habían empezado a darse cuenta de lo importante que era hacerse un hueco en China y la forzaron a abrirse al comercio con Occidente y llevarse de paso a esclavos chinos a trabajar en Europa y los Estados Unidos. La construcción del ferrocarril norteamericano, una escena que ha sido bastante popularizada por algunos wésterns de Hollywood, recayó, de hecho, en los esclavos chinos, secuestrados precisamente durante esta guerra. Otra atrocidad.

Ha pasado un siglo y medio desde entonces y China ya no es ningún desconocido para Occidente, ni viceversa. Hicieron falta dos guerras para que Pekín abriera sus puertas, cerrada a los extranjeros hasta la segunda mitad del siglo XIX, y China pusiera sus puertos a disposición del comercio internacional.

El producto interior bruto de China se multiplicó por cuatro en la década 2001-2010. Es como si China hubiera creado desde 2001 otras tres Chinas más.

Sin embargo, a China no le ha hecho falta ninguna guerra para conquistar Occidente. Su nuevo hegemonismo económico se ha abierto paso discreta e inexorablemente. Primero, tomando posiciones como la fábrica (barata) del mundo. Las exportaciones representaron el primero de los impulsos a la economía china. Pero cada vez depende menos de ellas. Tal y como señala Jim O'Neill, economista de Goldman Sachs e inventor del acertado acrónimo BRIC (para los países emergentes Brasil, Rusia, la India y China),[1] pese a que en 2008 la crisis crediticia precipitó la caída de la demanda de exportaciones desde los Estados Unidos y Europa, la economía china ha seguido creciendo con fuerza gracias a la pujanza de sus economías domésticas. Entre 2001 y 2010, el gasto interno en China aumentó en 1,5 billones de dólares, aproximadamente el tamaño de la economía del Reino Unido.

El producto interior bruto de China se multiplicó por cuatro en la década 2001-2010. Es como si China hubiera creado desde 2001 otras tres Chinas más. Y, lo que es más inquietante todavía, ha logrado esta transformación económica sin tocar la base de su estructura sociopolítica y ha dado forma a un modelo de comunismo de mercado desconocido hasta ahora que está demostrando ser un diseño institucional económicamente imbatible en eficiencia, a costa, claro está, de la libertad de sus ciudadanos. Pero el invento chino del *comunismo de mercado* tiene un antecedente dramático. Su precedente institucional, aunque no ideológico, está en el capitalismo de Estado de Adolf Hitler en la Alemania nazi. Es lo que los economistas Daron Acemoglu y James A. Robinson, en su libro *Por qué fracasan los países,*[2] denominan «el encanto irresistible del crecimiento autoritario».

En 2010, China desbancó a Japón como la segunda economía mundial después de una década dorada, tal vez irre-

1. Jim O'Neill, *El mapa del crecimiento*, Barcelona: Deusto, 2012.
2. Daron Acemoglu y James A. Robinson, *Por qué fracasan los países*, Barcelona: Booket, 2014.

petible, en la que creció a una inaudita tasa anual media superior al 10 %. En marzo de 2012, Pekín advirtió que entraba en una fase de moderación de su crecimiento, a un ritmo de *solo* el 7,5 %. Pero basta con que mantenga esa velocidad para que en poco más de una década su PIB sobrepase al de los Estados Unidos y se haga con el podio (económico) mundial.

A nadie le extrañará a estas alturas que los millones de nuevos empleos creados en China en la última década puedan estar directa o indirectamente relacionados con los millones de desempleados que tiene actualmente Europa, de los que tres millones y medio corresponden a España. Si China se ha convertido en la fábrica del mundo es, sin duda, a costa de la desindustrialización de Occidente.

El problema es que Occidente, como veremos más adelante, está permitiendo, sin reaccionar, que China gane la partida jugando con las cartas marcadas.

Y no hay manera de atacar este desempleo si no se pone orden a nivel internacional en el desplazamiento masivo de recursos productivos de Occidente hacia China. De esta situación no podemos culpar a China, que está jugando magníficamente sus cartas en favor de sus intereses. El problema es que Occidente, como veremos más adelante, está permitiendo, sin reaccionar, que China gane la partida jugando con las cartas marcadas.

3.
El modelo parasitario chino: del todo a cien al turista del futuro

«Si utilizas al enemigo para derrotar al enemigo, serás poderoso en cualquier lugar adonde vayas.»

SUN TZU, *El arte de la guerra*

China está conquistando el mundo con un modelo de crecimiento parasitario. En biología, el parasitismo es un proceso por el cual una especie amplía su capacidad de supervivencia utilizando a otras especies para que cubran sus necesidades básicas y vitales. La palabra *parásito* es la más adecuada porque resume, si la transformamos en un acrónimo, las cuatro claves económicas del modelo: es *pa*cífico (no se enfrenta al adversario), *ra*pidísimo (se ha desarrollado y consolidado en menos de treinta años), *si*lencioso, (evoluciona con mucha discreción para pasar desapercibido) y *to*tal (abarca a todos los sectores y a todos los países).

Hay tres modelos en las relaciones internacionales. El modelo **simbiótico**, que se da cuando las dos partes salen ganando. Es el caso de Ford o General Motors en España, que a cambio de ganar mercado crean empleo, traen tecnología y desarrollan un potente sector auxiliar del automóvil. El modelo **depredador**, que es el que utilizó España en Latinoamérica y Europa en África y que consiste en quedarse con los recursos del otro por la fuerza, y el **parasitario**, que es el que se apropia de los recursos de los demás sin violencia aparente. Este es el que está utilizando China. El objetivo de la conquista es el mismo: el control de los recursos ajenos. Y en este sentido hay que reconocer que siempre será mejor el modelo parasitario que el modelo depredador. Sin duda, el primero es, además de pacífico, mucho más inteligente y efectivo.

La palabra *parásito* es la más adecuada porque resume, si la transformamos en un acrónimo, las cuatro claves económicas del modelo: es *pa*cífico [...], *ra*pidísimo [...], *si*lencioso [...] y *to*tal [...].

No solo no está siendo una conquista por la fuerza, sino que en España les estamos abriendo todas las puertas de par en par. Recordemos que el exministro José Blanco fue a cortar él mismo la cinta con todos los honores a un nuevo polígono industrial, próximo a Cobo Calleja, el mayor parque empresarial chino de Europa en Fuenlabrada (Madrid). Según contaba el diario *El País* de ese día: «Traducido frase por frase al mandarín por una intérprete, Blanco dijo que el parque especializado en la venta de productos importados de China y la exportación de productos españoles a la potencia asiática es el mejor ejemplo de globalización».[3] El problema radica en que España, de acuerdo con los datos del Ministerio de Economía, exportó ya en el año 2011 productos de China por valor de 3.400 millones de euros e importó por valor de 18.600 millones de euros. ¡Viva la globalización! El exministro Blanco se hizo acreedor de un nuevo refrán: «A enemigo que viene, puente de oro».

En el año 2018, último del que se tienen datos oficiales, las cifras de importaciones fueron de 26.908 millones de euros, mientras que las exportaciones fueron tan solo de 6.276 millones de euros, pero al entonces ministro de Fomento, más preocupado por cortar la cinta del nuevo parque empresarial y llevarse los honores, se le olvidó comentar estos pequeños detalles entre tanto fasto con preciosas azafatas chinas, coche oficial y traductor al mandarín.

Los promotores del proyecto, dos jóvenes empresarios de origen chino nacidos en España, Li Tie y Yong Ping, anunciaron aquel día ante la prensa que crearían mil puestos de trabajo entre empleos directos e indirectos. ¿En cuántos trabajadores que no fueran de origen chino estarían pensando? No es censurable, en absoluto, la habilidad comercial de estos dos empresarios. Ellos están haciendo su trabajo y parece que lo estaban haciendo bien, aunque el resultado

3. Inés Santaeulalia, «Madrid abre otra puerta a China», *El País*, de febrero de 2011.

del proyecto, unos años después de su comienzo, no parece ser nada halagüeño. Algunas veces hasta los chinos se equivocan.

Si hubiera que criticar algo aquí, sería más bien el ciego oportunismo político de los mandatarios españoles, que, a falta de una idea mejor con la que sacar adelante un modelo verdaderamente productivo de la economía española, no se les ocurre otra idea que abrirle las puertas a este modelo de comercio chino en España, seguramente sin medir previamente las verdaderas consecuencias que eso puede tener en el desarrollo productivo y del empleo en la región. ¿Qué gana la economía local al facilitar que entren más productos chinos, hechos en China, para ser vendidos por chinos en España? Lo que sí está claro es que este modelo está destruyendo un nicho tradicional de empleo familiar en todas nuestras ciudades y pueblos como era el de la pequeña distribución, el del pequeño comercio creado y atendido por muchas familias españolas.

El fenómeno no es exclusivo de España. En el extraordinario libro *Historia de mi gente* del italiano Edoardo Nesi,[4] el autor explica la historia autobiográfica de una empresa familiar textil que verá desaparecer como consecuencia, sobre todo, de la entrada de los chinos en su mercado fabricando como esclavos prendas textiles de baja calidad a precios tirados. Aunque el autor hable de los industriales de Prato, en la Toscana, la historia que nos cuenta el libro podría ser perfec-

4. Edoardo Nesi, *Historia de mi gente,* Barcelona: Salamandra, 2012.

tamente aplicada a España. El libro, teñido de melancolía, recoge una entrevista de Nesi con el escritor estadounidense Richard Ford en la que a la pregunta del autor italiano sobre qué pensaba de la férrea presión que la globalización y las leyes del mercado estaban ejerciendo sobre los pequeños industriales de su entorno el norteamericano le contesta: «Mira, Edoardo, estoy seguro de que al final, de algún modo, la economía mundial sucumbirá al poder del Dragón».

Al recibir el Premio Literario Strega en 2011, Nesi dedicó el premio a sus paisanos con estas palabras: «Para todos aquellos de los que hablo en el libro, y para mi ciudad, Prato, que sufre de una globalización sin gobierno y sin derecho. A todos los que han perdido el trabajo». Pues eso.

El funcionamiento del modelo parasitario, basado en la autosuficiencia y el control total de la cadena de valor, no solo se limita a los populares y típicos productos del todo a cien. El Gobierno de Pekín prometió que en 2025 más de un millón de chinos vendrán a España como turistas (frente a los cerca de trescientos mil viajeros que vinieron en 2012). Empresas chinas están comprando ya aeropuertos en Europa para canalizar ese turismo a través de ellos y comprando o estableciendo alianzas con cadenas hoteleras europeas, como la convenida entre la mallorquina Sol Meliá y Jin Jiang Hotels, la primera cadena hotelera china. Las empresas chinas no van a quedarse al margen de este nuevo filón comercial y ya trabajan con las cadenas locales para asegurarse de traer a los futuros turistas chinos a sus propios hoteles y restaurantes. Controlar al máximo todos los eslabones de la cadena de valor de cualquier negocio es su hábil *modus operandi*. Si va a haber negocio con los turistas chinos, en Venecia, las máscaras hechas por los chinos las compran en tiendas chinas los turistas chinos. ¡Ya ponen hasta los consumidores! Se cierra el círculo. Todo se queda en casa.

4.

Keynes habla chino

«El gasto público no hay que cortarlo con un machete, sino con un bisturí.»

BARACK OBAMA

Desde que empezó la crisis de 2008 no hemos parado de oír los nombres de John Maynard Keynes y Friedrich August Hayek citados continuamente en tertulias de radio, artículos y puede que hasta en la peluquería o en el taxi si uno se descuida. Ahora, con la descomunal crisis del coronavirus, Keynes vuelve a estar de moda. Las teorías antagonistas de estos dos prominentes economistas de la era de la Gran Depresión se utilizan casi un siglo más tarde como escudos teóricos de dos polarizadas corrientes ideológicas, como si en ellos se encerrara realmente la pócima que puede sacar a los Estados Unidos y Europa de la crisis.

Resumiré muy brevemente en qué consisten ambas teorías por si alguien las necesita desempolvar en alguna airada discusión durante una sobremesa familiar. Ya que se han popularizado sus nombres, por lo menos no los utilicemos en vano.

En su libro *Ensayos de persuasión* de 1931, cinco años antes de la publicación de su famosa *Teoría general del empleo, el interés y el dinero*, Keynes planteaba que el problema político de la humanidad es combinar tres cosas: la eficiencia económica, la justicia social y la libertad individual. Con este objetivo, desarrolló su teoría económica, basada en que la variable fundamental en el funcionamiento de cualquier economía es la demanda global, que tiene cuatro componentes: el consumo de las familias, la inversión realizada por los empresarios, el gasto público y las exportaciones como expresión de la demanda externa dirigida a un país.

Con esta sencilla fórmula, Keynes enuncia las políticas para luchar contra el desempleo, basadas en el incremento de la demanda global al estimular el consumo privado de las familias mediante bajadas de impuestos, fomentar la inversión de los empresarios, bajar los tipos de interés, incrementar el gasto público y propiciar la devaluación de la moneda, cuando sea necesario, para fomentar las exportaciones.

Frente a estas políticas keynesianas, orientadas a combatir el desempleo al estimular la demanda global mediante bajadas de impuestos e incremento del gasto público, se encuentran los liberales de la denominada escuela austriaca. Liderados por el economista Hayek, con quien Keynes mantuvo importantes controversias públicas, los *austriacos* consideran que el manejo de los impuestos y el gasto público para combatir el desempleo deben ser neutralizados, puesto que estas medidas acaban generando un alto déficit público e inflación. Para Hayek, el único instrumento de política macroeconómica que debe ser utilizado es la política monetaria, orientada a aumentar o disminuir los tipos de interés vigentes en el mercado, que a su vez condicionarán la política de tipo de cambio que favorece o limita las exportaciones.

Por otra parte, los liberales de la escuela austriaca consideran que los mercados, sin regulaciones ni interferencias, son el instrumento óptimo para equilibrar cualquier economía a largo plazo, a lo que Keynes respondía con la famosa frase de «A largo plazo todos estamos muertos», ironía con la que enfatizaba la necesidad de dar solución a los problemas económicos a corto plazo.

En una posición distinta se encuentra el economista, también austriaco, Joseph Schumpeter, que nació en 1893, el mismo año que Keynes, y que pone el acento en la necesidad de desarrollar políticas microeconómicas en las empresas, lo que podríamos identificar como políticas industriales, pues considera que la clave para cualquier desarrollo económico es la existencia de empresas innovadoras; de hecho, es el primer economista que desarrolla el concepto de innovación como un proceso de destrucción creativa.

Pues bien, la crisis financiera global que empezó en 2008 con la caída de Lehman Brothers y que cuatro años más tarde mantuvo a muchos países, incluido España, en vilo ante una recesión de la que no terminan de salir nunca del todo reavivó las discusiones que estos popes de la economía empezaron en los años 30 del siglo pasado.

El enfrentamiento de dos escuelas en el mundo occidental parece irreconciliable. En un extremo, tenemos la visión liberal de Hayek, adoptada por Milton Friedman, que enarboló la bandera del neoliberalismo en los años 70 y 80 y creó la Escuela de Chicago, que inspiró las políticas de Margaret Thatcher en el Reino Unido, Ronald Reagan en los Estados Unidos y Pinochet en Chile. Por otro lado, la socialdemócrata o keynesiana, que había propiciado un extraordinario periodo de expansión económica en Europa durante las décadas de los años 60 y 70. Ambas teorías se han convertido para los seguidores de cada una de las escuelas en sectas intelectuales que fomentan una morbosa contienda con quienes abrazan la doctrina contraria. Un enfrentamiento que, desde mi punto de vista, no está en absoluto justificado.

Si vemos cuántos premios Nobel tienen la escuela keynesiana y la neoliberal tenemos una especie de empate técnico intelectual. En la escuela neoliberal, Hayek fue Nobel en 1964, Milton Friedman en 1976 y Robert Lucas en 1995. Por parte de los keynesianos, Samuelson en 1960, Stieglitz en 2001, Maskin en 2007 y Krugman en 2008. Es decir, que tanto las escuelas neoliberales como las keynesianas tienen a sus laureados. Pero sus seguidores solo citan los galardones de unos u otros continuamente, según convenga, como argumento de autoridad y olvidan que sus contrarios también los ganaron. Curiosamente, ni Schumpeter ni Keynes, ambos nacidos a finales del siglo XIX, tuvieron su premio.

Veamos los réditos económicos sobre el terreno que ha cosechado cada uno. Si echamos mano de la historia económica, resulta evidente que la aplicación de las políticas keynesianas han generado una gran prosperidad económica. Estuvieron en la base del crecimiento económico de dos dígitos entre 1945 y 1973, tanto en los Estados Unidos, como en Europa y Japón (y en la propia España en los años 60).

Igualmente trajeron mucha prosperidad las políticas neoliberales, que comienzan con la elección del presidente Ronald Reagan en los Estados Unidos, en 1981, década en la que coexiste con Margaret Thatcher en el Reino Unido, que da lugar a la época de la llamada *Reaganomics* y tiene su fuente ideológica en el neoliberalismo de la Escuela de Chicago de Milton Friedman. La aplicación de sus políticas neoliberales propició un periodo de prosperidad extraordinaria desde principios de la década de los 80 hasta prácticamente 2008.

Ambas escuelas, por tanto, han tenido su época dorada. Desde el punto de vista histórico, los keynesianos tuvieron su momento de gloria hasta que la crisis del petróleo y la crisis monetaria internacional, provocada por la devaluación del dólar, matan (intelectualmente) a Keynes. Cuando a principios de los 80 toma el relevo el neoliberalismo de Hayek y Friedman, sus teorías dominarán la política económica mundial hasta el año 2008, cuando estalla la crisis financiera como consecuencia de la desregulación salvaje de los mercados financieros que lo vuelve a poner todo patas arriba.

Lo que derribó al keynesianismo y lo que acabó con el neoliberalismo no han sido sus políticas, sino sus excesos.

El exceso de keynesianismo provocó un crecimiento desmesurado del sector público que convirtió muchas economías capitalistas en ineficientes y que está en la base de la crisis económica de principios de los 70, cuando se rompe el patrón oro/dólar y el sistema de cambios fijos pasa a un sistema de cambios flotantes. Y, del mismo modo, los excesos del neoliberalismo están a su vez en el origen de la crisis financiera mundial que empezó en 2008 y que, a raíz de la desregulación masiva de los mercados financieros, dio lugar a las *hipotecas basura.*

Por tanto, son los excesos de estas políticas, tanto de las keynesianas como de las neoliberales, las que están detrás de las mayores crisis económicas de los últimos tiempos. Y, de igual modo que de las cenizas de Keynes surgió triunfante, en los años 80, el neoliberalismo de Hayek y Friedman, la crisis provocada por un exceso de liberalismo ha tenido ahora que ser solventada por el keynesianismo de urgencia que los Estados han desempolvado al inyectar una enorme cantidad de dinero al sistema financiero para rescatarlo y evitar que la Gran Recesión se convierta en la Gran Depresión.

Los Estados Unidos con China al fondo

Veremos ahora por qué digo que Keynes ha empezado a hablar en chino. En Occidente hemos visto en los últimos años dos posiciones distintas ante la crisis: la de los Estados Unidos y la de Europa. En los Estados Unidos se ha utilizado una receta típicamente keynesiana: ante el dilema de si atacar al empleo o al déficit de deuda pública, han decidido darle prioridad al problema del desempleo. Entre otras cosas porque para ser reelegido en 2012, a Obama le urgía reducir la tasa de paro, que llegó al 9 % en la crisis, una cifra récord para los estadounidenses.

Para bajar el desempleo hay que bajar los impuestos, estimular la demanda global, operar con tipos de interés a la baja, un aumento del gasto público y un dólar devaluado que ayude a las exportaciones. Esto es lo que hizo Obama para sacar a los Estados Unidos de la crisis: bajos tipos, por debajo del 1 %, subida de gasto público, bajada de impuestos y un tipo de cambio del dólar a la baja.

El presidente de los Estados Unidos puso un ejemplo muy gráfico para explicarlo: «Si estoy en un avión con dos motores, el del sector público y el del sector privado, y el avión tiene problemas y quiero aligerar la carga, lo que no puedo es desprenderme de los dos motores». Por eso el aumento del gasto público lo hizo en inversión productiva y las reducciones las centró en el gasto corriente. Cuando Trump llegó a la presidencia en 2016, Obama ya le había resuelto el problema. Sin embargo, presionados por los *lobbies* financieros norteamericanos, lo que no hizo Obama ni por supuesto ha hecho Trump, y sí recomendaba Keynes, es regular los mercados financieros. La desregulación de dichos mercados sigue siendo tan suicidamente amplia como antes de la crisis.

Obama, por otra parte, jugaba con una ventaja en sus políticas expansivas keynesianas (disminución de impuestos, aumento de gasto público e inyección de dinero público para mejorar la posición financiera de los bancos de los Estados Unidos) porque, aunque su déficit público aumentaba drásticamente al bajar impuestos y subir gasto público, siempre tenía detrás a China cubriéndole las espaldas. Si China tomó la decisión estratégica de mantener su moneda vinculada al dólar y de comprar masivamente deuda pública de los Estados Unidos, fue para evitar que se elevara el tipo de interés de dicha deuda y arrastrase el dólar al alza, lo que arrastraría también al alza al yuan y perjudicaría los intereses exportadores de China. Lo que ocurre es que esto también tiene un elevado coste en cuanto a la posición de hegemonía política y económica de los Estados Unidos en el mundo.

«¿Cómo negocias con mano dura con tu banquero?»: así resumía la propia Hillary Clinton, secretaria de Estado norteamericana, el dilema de los Estados Unidos frente a China. Esas reveladoras declaraciones fueron descubiertas en uno de los cables secretos de la diplomacia del Departamento de Estado que filtró WikiLeaks en 2010. Sus palabras quedaron inmortalizadas para siempre en los periódicos de todo el mundo y la frase se ha hecho *vox populi* por lo bien que resume la situación.[5]

Era un secreto a voces que la economía de los Estados Unidos depende de las inversiones de China, pero estas filtraciones de WikiLeaks confirmaron que Washington lo

---

5. «China garantizó su apoyo a los Estados Unidos en lo peor de la crisis financiera», *El País*, 27 de diciembre de 2010.

asume. En lo más difícil de la crisis financiera estadounidense, Pekín garantizó a Washington que iba a seguir comprando deuda pública norteamericana. Si tenemos en cuenta que China tiene invertido más de un billón de dólares (algo así como todo lo que produce la economía española en un año) en deuda estadounidense…, ¿queda alguna duda de que Keynes, que se encontraba en la base de las políticas económicas de Obama, habla chino? Sin China, Obama no podría haber sido keynesiano.

«¿Cómo negocias con mano dura con tu banquero?»: así resumía la propia Hillary Clinton, secretaria de Estado norteamericana, el dilema de los Estados Unidos frente a China.

La fuerte dependencia que los Estados Unidos han generado hacia China cambia por completo el mapa geopolítico tal y como lo conocíamos. En el *ranking* de las personas más poderosas del mundo publicado por la revista *Forbes*, en 2011 aparecía en primer lugar, por primera vez desde la Segunda Guerra Mundial el entonces presidente de China, Hu Jintao, que relevaba al segundo puesto a Barack Obama. No digamos nada de Trump frente a Xi Jinping. Este le ha ganado definitivamente la partida. La emergente era del coronavirus será china.

... Y Schumpeter habla español

La receta que se utilizó desde 2008 en la Unión Europea fue y sigue siendo básicamente la neoliberal, que apuesta por el equilibrio presupuestario. Su prioridad es, por tanto, la resolución de los problemas de déficit y deuda pública. ¿Por qué? Porque Alemania, que lidera este proceso aunque no tenga ninguna legitimación democrática en Europa para ello, no tiene problemas de desempleo (apenas ronda el 6 %). ¿Cómo le va a dar prioridad Angela Merkel a resolver el desempleo, como hizo Obama, si Alemania no tiene ese problema?

La lucha contra el déficit público requiere subir impuestos y bajar el gasto público, que es lo contrario que hay que hacer para luchar contra el desempleo. El problema, claro, es que en España el desempleo supera en 2020 el 15 % y el juvenil se aproxima al 40 %. Y aplicar en España la misma receta de ajuste del gasto público y de lucha contra el déficit que quiere Alemania es contraproducente para España.

El grave problema que tiene España es que, además de la crisis general que padecemos como consecuencia de las *hipotecas basura* y su influencia en los problemas financieros mundiales, tenemos un gravísimo problema generado por nosotros mismos en los últimos años. En efecto, aunque España firmó el Tratado de Maastricht de la Unión Europea, que nos compromete a no superar el déficit público del 3 % del PIB, el Gobierno socialista de Zapatero llevó en el año 2009 el déficit público hasta el 11 %. Aquello encendió las alarmas internacionales y motivó la llamada urgente de Obama, Merkel y Sarkozy al todavía presidente José Luis Rodríguez Zapatero para que cambiara drásticamente sus políticas, que podían haber llevado en el año 2010 el déficit público hasta el 13 o el 14 % del PIB. Debemos recordar que Zapatero recibió una herencia de presupuesto con superávit y que dicho superávit llegó hasta el 2 % del PIB en el año 2006. En solo tres años se pasó de un superávit del 2 % a un déficit del 11 %.

Esta situación neutralizó la posibilidad de políticas expansivas keynesianas en España, puesto que nuestros socios europeos nos exigieron volver a cumplir el objetivo de déficit del 3 % en lo que considero un alarde equivocado de disciplina presupuestaria: llevar al déficit al 0 % en los primeros años 20. Con estas políticas Keynes ha sido definitivamente enterrado en Europa mientras se mantiene vivo en los Estados Unidos.

Sin embargo, hay que matizar que tampoco las políticas europeas son totalmente neoliberales, pues se va abriendo paso, cada vez con más fuerza, la idea de una regulación de los mercados financieros vía tasa Tobin, a la que únicamente se oponía frontalmente el Reino Unido, actualmente fuera de la Unión Europea. Al menos, el debate de la regulación de los mercados financieros está abierto en Europa, lo que la aproximaría en este aspecto a los postulados keynesianos, mientras que dicho debate ni se plantea en los Estados Unidos, que en este sentido se comportan como neoliberales.

Con este panorama, a España no le queda más remedio que plantearse un objetivo de disciplina fiscal a corto plazo que debe hacerse compatible con políticas de estímulo al crecimiento económico de carácter *schumpeteriano*, basadas en el fomento de la competitividad de nuestra economía y de nuestras empresas mediante una adecuada política de costes y precios (devaluación interna) y de intangibles, de las que hablaremos más adelante, y mediante el fomento de las exportaciones.

En efecto, Schumpeter pone el énfasis del desarrollo económico en las políticas de competitividad empresarial. Frente al énfasis de las políticas macroeconómicas de keynesianos y neoliberales, tanto en su libro *Business Cycles,* de 1939, como en *Capitalismo, socialismo y democracia,* de 1942, planteó la idea de que la clave del desarrollo económico está en el espíritu emprendedor. Su teoría del espíritu emprendedor la integra en una teoría cíclica de los negocios y en la evolución socioeconómica de las naciones. Más recientemente, el profesor Robert Jessop, de la Universidad de Lancaster, en el Reino Unido, en su libro *El futuro del Estado capitalista*, define a los futuros Estados como «Estados competitivos schumpeterianos».[6]

Pues bien, España, con la política fiscal neutralizada por el equilibrio presupuestario, con la política monetaria y cambiaria en manos del Banco Central Europeo, o se trans-

---

6. Robert Jessop, *El futuro del Estado capitalista*, Madrid: Los Libros de la Catarata, 2008.

forma, como veremos más adelante, en un Estado competitivo basado en la innovación o no podrá salir de la crisis. Pese a no estar llevando la misma política que los Estados Unidos en la resolución de la crisis económica, los europeos también podemos acabar como rehenes financieros de China, igual que han acabado siéndolo los Estados Unidos. China ha pasado de ser el cuarto mayor socio comercial de la Unión Europea cuando ingresó en la Organización Mundial del Comercio al segundo en la actualidad, solo por detrás de los Estados Unidos. Además, las importaciones chinas a la Unión Europea se han triplicado desde 2001 y representan actualmente cerca del 20 % del total de todos los bienes que importa Europa (en 2006 China ya superó a los Estados Unidos como el país del que proceden más productos). Actualmente, según la Comisión Europea, la Unión Europea es también el principal destino de las exportaciones chinas. Y subiendo.

Y dentro de poco Europa será uno de los principales receptores de las inversiones industriales chinas a través de sus fondos soberanos destinados a comprar empresas en sectores estratégicos, como la energía o el transporte, y de alta tecnología, como el sector de las tecnologías de la información. Ya lo hizo con la división de ordenadores personales de IBM, comprada por la empresa china Lenovo, con la automovilística sueca Volvo y con la ya mencionada adquisición de Electricidade de Portugal, y la crisis del coronavirus acentúa dramáticamente esta tendencia.

En Europa, por ejemplo, el Dragón Rojo se interesa desde hace tiempo por Vestas, empresa danesa líder mundial en la fabricación de aerogeneradores. Herida en su cuenta de resultados, vive acechada por las empresas chinas Goldwin y Sinovel, apoyadas, ¡cómo no!, por el Gobierno chino y con capacidad financiera prácticamente ilimitada procedente del propio Gobierno de Pekín. Como luego veremos, los nuevos objetivos chinos son la tecnología y el mercado.

5.
Ni fin de la historia ni choque de civilizaciones: cayó el telón pero se olvidaron del dragón

«¿Qué importa si el gato es blanco o negro, con tal de que cace ratones?»

DENG XIAOPING

¿Tiene entonces sentido revivir continuamente la vieja polémica de Keynes versus Hayek? Y, lo que es más importante…, ¿puede alguno de ellos ayudarnos realmente a salir de la descomunal crisis económica que se avecina? Pues bien, lo dudo mucho.

Debatir si la razón la lleva Hayek o Keynes es una discusión, aunque entretenida, totalmente desenfocada. Fue, como hemos visto, el gran debate económico de la segunda mitad del siglo XX, el que enfrentaba en la Guerra Fría el icono del capitalismo del libre mercado estadounidense (y los países occidentales: Europa, Japón…) frente a los que, al otro lado del telón de acero, la organizaban con base en la planificación central y la organización comunista de la sociedad, con la extinta URSS a la cabeza (y con China y Cuba en el equipo). Mientras el mercado occidental se organizaba entonces en torno a la democracia, los otros lo hacían alrededor de la dictadura del proletariado.

A finales de la década de los años 80, el politólogo y profesor de la Universidad Johns Hopkins de Washington Francis Fukuyama escribió un artículo que dio luego lugar a un libro con el mismo título: *¿El fin de la historia?* Su tesis era que, ante la creciente descomposición de la URSS, que culminaría con la caída del muro de Berlín, la Perestroika y la desintegración del imperio soviético, la economía de mercado y la democracia política habían ganado definitivamente la batalla a la planificación central y al régimen comunista. Una vez que se hizo efectiva la caída de la URSS, la difusión de las ideas de Fukuyama aumentó de manera extraordinaria y fue saludado como el profeta de lo que definitivamente acontecería en el siglo XXI.

La organización económica en torno al mercado se proclamaba vencedora y parecía evidente que el capitalismo era más eficiente que la planificación central. Según esta teoría, con el siglo XXI, de la mano del mercado, se consolidaría también la extensión a todo el mundo de la democracia liberal. La caída del comunismo soviético inauguraba para Fukuyama y sus seguidores un futuro totalmente predecible basado en la democracia y en la economía liberal de mercado. Por esa razón sostenían que la historia había terminado.

A estas tesis de Fukuyama respondió otro politólogo y profesor de la Universidad de Harvard, Samuel Huntington, con un libro denominado *El choque de civilizaciones*, también muy celebrado. En él argüía que estábamos, por el contrario, muy lejos del fin de la historia. Para Huntington, el siglo xxi se caracterizaría en realidad por el choque entre la civilización judeocristiana de los países occidentales y la civilización islámica. Una, la cultura occidental, se fundamenta en una tradición heredada de la Revolución francesa, que cree en la separación de poderes entre la Iglesia y el Estado y en la independencia de los estamentos legislativo, ejecutivo y judicial, característicos de la democracia liberal; la otra, la civilización islámica, mantiene normalmente la no separación entre la Iglesia y el Estado y en ella aún se diluyen las fronteras entre delito y pecado, con la aplicación de la *sharía* o ley islámica. Los atentados a las Torres Gemelas en 2001 y la denominada *guerra contra el terror* a la que dieron lugar fueron acicates de esta teoría. Con las guerras en Afganistán e Irak iniciadas por el presidente de los Estados Unidos George Bush se acogieron con vigor estas ideas de que el inevitable enfrentamiento de ambas civilizaciones sería lo que iba a determinar el nuevo siglo.

Igual que los economistas se entretienen posicionándose del lado de Hayek o Keynes, historiadores y politólogos pasaron los años 90 y principios del nuevo milenio discutiendo quién tenía más razón, si Fukuyama o Huntington. Pero estos debates son papel mojado una década después. ¿Qué nos depara este siglo?

Ya no nos queda otra que reconocer que el futuro ya está aquí y que en él el desarrollo económico no es necesariamente sinónimo de occidentalización y, por desgracia, mucho menos de democracia. Se equivocó el célebre politólogo estadounidense Francis Fukuyama, que proclamaba *El fin de la historia* y daba por hecho que el único sistema político con futuro era el liberalismo democrático. Erró también Samuel Huntington con su *Choque de civilizaciones*, que pronosticaba que en realidad lo que nos tocaría vivir en el siglo XXI sería el enfrentamiento entre la civilización judeocristiana y la musulmana.

¿Cómo es que todos se olvidaron de China? El gigante asiático ha probado en la última década ser un exitoso híbrido en el que de la dictadura del proletariado emerge el comunismo de mercado, dirigido por el politburó del Partido Comunista Chino. La eclosión de China como líder potencial económico y tecnológico y, quién sabe si también institucional, en el siglo XXI, echa por tierra las tesis de ambos. Ni la democracia liberal ha vencido al capitalismo de Estado chino ni el factor que va a condicionar las relaciones económicas e institucionales del siglo XXI parece que vaya a ser el choque de civilizaciones entre Occidente y el islam, sino entre Occidente y China, en el que el islam jugará también un papel relevante, pero seguramente no el decisivo.

Capitalismo sin democracia es la peor mezcla ideada por las dictaduras de derechas del siglo XX que ha sido redescubierta por los comunistas y poscomunistas del siglo XXI. Esta mezcla forzosa de capitalismo y autoritarismo está siendo ensayada en países como Vietnam y más recientemente en Cuba, que comienza a dar sus primeros pasos en el modelo tutelada y apoyada por el régimen comunista chino.

En su libro *China's Regulatory State*, Roselyn Hsueh,[7] de la Universidad de Temple, explica cómo los gigantes empresariales públicos chinos están en manos de la denominada Comisión Estatal para la Supervisión y Administración de los Activos del Estado (SASAC), que controla unas ciento veinte empresas del Estado y casi cuatro billones de dólares en activos, de modo que es «la más poderosa entidad económica de la que se haya oído hablar jamás» según la consultora Boston Consulting Group.

Este control estatal de las empresas estratégicas clave de China, que tienen un tratamiento económico y financiero privilegiado, las autoridades de Pekín lo han sabido hacer compatible de forma magistral con la iniciativa privada, de forma que han logrado un modelo de una extraordinaria eficiencia que protege a las empresas chinas de la competencia exterior en su propio mercado y les permite jugar con las reglas del mercado en los mercados exteriores, aunque, como veremos más adelante, lo haga con las «cartas marcadas». El capitalismo autoritario comunista se impone a la democracia ¡y Occidente sin reaccionar!

Cambio de era y cambio de imperio. Bienvenidos al siglo XXI, el de verdad.

---

7. Roselyn Hsueh, *China's Regulatory State: A New Strategy for Globalization*, Ithaca (Nueva York): Cornell University Press, 2011.

6.
A la una, a las dos y a las tres: las fases del liderazgo chino

«El hacha del leñador pidió su mango al árbol, y el árbol se lo dio.»

RABINDRANATH TAGORE

La mayor parte de los analistas políticos y académicos coinciden en que China no se conformará en el siglo XXI con jugar un papel secundario. Es decir, no solo aspira a liderar la economía mundial, sino que también pretende un papel hegemónico. Así aparece claramente expuesto en el extraordinario y lúcido libro *La visée hégémonique de la Chine*[8] de los profesores franceses Antoine Brunet y Jean-Paul Guichard, de la Universidad Sophia Antipolis de Niza, y más recientemente en el documentado libro *Las nuevas rutas de la seda*[9] de Peter Frankopan.

8. Jean-Paul Guichard y Antoine Brunet, *La visée hégémonique de la Chine: L'impérialisme économique*, París: L'Harmattan, 2011.
9. Peter Frankopan, *Las nuevas rutas de la seda*, Barcelona: Editorial Crítica, 2019.

La estrategia hegemónica china está perfectamente definida en función de la consecución secuencial de tres fases de liderazgo:

1. El liderazgo productivo (China, la fábrica del mundo).
2. El liderazgo financiero (China, el banquero del mundo).
3. El liderazgo tecnológico (China, el explorador de otros mundos).

Este último tiene a su vez tres componentes:

1. El industrial o productivo y de servicios.
2. El militar.
3. El espacial.

Occidente cometió un error fatal al autorizar a China a incorporarse en el año 2001 a la Organización Mundial del Comercio (OMC) sin exigirle a cambio contrapartida alguna. Esta adhesión permitió a Pekín rearmar su estrategia de guerra económica al conseguir el desarme arancelario del mundo frente a China y mantener la manipulación de su moneda, el yuan, que no cotiza en los mercados internacionales. Fue gracias a esta devaluación artificialmente forzada del yuan, combinada con el desarme arancelario del mundo frente a China propiciado por la entrada de China en la OMC, que China multiplicó sus exportaciones y ha podido acumular enormes excedentes comerciales que le dan la fortaleza financiera para comprar el mundo.

Como todos sabemos, los recursos son limitados, por lo que resulta evidente que el desplazamiento de recursos productivos hacia China está provocando la desindustrialización de muchos sectores productivos en Occidente y que los desplazamientos de los recursos financieros hacia aquel país están produciendo la descapitalización de los sistemas financiero y público occidentales.

Los más de tres billones y medio de dólares de las reservas en divisas de China, lo que supone casi el 40 % del total de las reservas mundiales, están siendo utilizados, entre otras cosas, para generar una dependencia financiera e irreversible de países como los Estados Unidos y para asegurarse el control de las materias primas estratégicas que el sistema productivo chino va a necesitar para mantener su hegemonía en los próximos años.

Hasta el momento, como hemos ido explicando, se han culminado el liderazgo productivo y el liderazgo financiero, al que China ha llegado en los últimos años ayudada por las maltrechas cuentas que la crisis ha dejado en Occidente. El podio tecnológico lo tiene también a la vuelta de la esquina. Tanto en lo que se refiere al ámbito de las telecomunicaciones y la tecnología meramente industrial como al ámbito aeroespacial.

Como referencia, el primer país en número de patentes que se registran anualmente siguen siendo los Estados Unidos, con 490.000 patentes, pero China ya ocupa el segundo lugar mundial, con 390.000, por delante de Japón, con 345.000 patentes.

Respecto del gasto para programas de innovación, el liderazgo lo tienen los Estados Unidos, con 400.000 millones de dólares anuales, y China, con 160.000 millones, y Japón, con 140.000 millones, aún están muy lejos. El conjunto de la Unión Europea gasta en programas de innovación en torno a 300.000 millones al año. Pero el fuerte desarrollo tecnológico de los centros de investigación de China y la India están provocando, como ya ocurrió con la deslocalización industrial, un creciente proceso de deslocalización tecnológica que puede acelerar rápidamente el desarrollo tecnológico de estos dos países.

No es ciencia ficción. Los Estados Unidos y la Unión Europea ya están, de hecho, a punto de ser superados por China también en la carrera espacial. En la década de los años 20, los chinos planean disponer de una estación permanente en el espacio desde la que preparar una hipotética misión tripulada a Marte. Mientras que la falta de presupuesto público ha hecho a la NASA estadounidense y a las autoridades espaciales de la Unión Europea replantearse un nuevo viaje a Marte por falta de presupuesto, el gigante asiático ya ha hecho públicos sus planes de empezar a explorar la superficie del planeta rojo, cincuenta años después de que la URSS iniciara sus primeros intentos de llevar a cabo esta hazaña en la década de 1960 (aunque fueron los Estados Unidos los que consiguieron la primera exploración de su superficie en 1976).

En 2013, China lanzó una misión de aterrizaje lunar no tripulada y sus científicos han mencionado la posibilidad de situar a un compatriota en la luna a finales de los años 20. Impulsar los viajes espaciales tripulados es su otro gran objetivo. A diferencia de otros países, seguramente para el régimen chino lanzar una nave tripulada al espacio para la que no hubiera forma de garantizar su regreso no sería un problema. Tampoco lo fue cuando Colón descubrió América y la mayor parte de los colonizadores españoles que le acompañaron y después le siguieron no regresaron a casa. El sino de los colonizadores suele ser no regresar.

Con sus planes para culminar el liderazgo militar y espacial, en realidad, lo que China está haciendo es imitar los pasos que siguieron los Estados Unidos en el siglo xx. En los Estados Unidos, donde suele decirse que «la mejor política industrial es la que no existe», la política tecnológica se fundamenta en la financiación pública de los proyectos de la NASA y el Pentágono. Con ello desarrolla tecnología de vanguardia en los sectores espacial y militar que después va transfiriendo hacia el sector civil. Recordemos, por ejemplo, que el predecesor de Internet fue el proyecto ARPANET, que fue un proyecto militar. China está siguiendo paso a paso la estrategia tecnológica de los Estados Unidos. Sus últimos proyectos de portaviones y sus planes espaciales demuestran que China ha decidido seguir el ejemplo y tirar de la tecnología a través de sus programas militares y espaciales. Si le salen bien los planes, a finales de los años 20 sería el único país con un puesto permanente en el espacio gracias a la estación espacial que ya está construyendo, gasto que ninguna otra economía del mundo puede actualmente permitirse en solitario.

Desarrollar un ambicioso programa de supremacía tecnológica tanto en el ámbito militar como en el civil es un reto económico, pero también un inequívoco símbolo de sus aires de grandeza. Mostrar al mundo el orgullo de la nación a través de su programa espacial es una debilidad de las naciones que presumen de ser las dominantes de cada época. Por si quedara alguna duda del afán propagandístico de la carrera espacial china, no olvidemos que el último gran lanzamiento fue realizado el 29 de septiembre de 2011, en vísperas de la fiesta nacional china, el 1 de octubre, aniversario de la fundación de la República Popular China. Para Pekín, su programa espacial es un símbolo del progreso económico y tecnológico tanto de puertas afuera como hacia dentro. En 2021, en el que China celebrará el centenario de la creación del Partido Comunista Chino, el Gobierno chino planea hacer aterrizar una nave de exploración en el planeta Marte.

También los Estados Unidos han utilizado tradicionalmente sus logros en tecnología espacial como un símbolo de su poder. Pero la clave del éxito del desarrollo tecnológico estadounidense fue tejer un sólido mimbre de poderosas empresas multinacionales propias que han sido el último siglo las beneficiarias de los contratos de la NASA y el Pentágono. En época bélica, las empresas trabajan a tope para la vertiente militar (el Pentágono), pero la maquinaria no se para en época de paz porque para eso está la vertiente civil del modelo, dirigida por la Administración Nacional de Aeronáutica y el Espacio (NASA).

Así fue como los Estados Unidos desarrollaron su liderazgo mundial en los ámbitos tecnológico, industrial y de servicios de alto valor añadido. La URSS, sin embargo, centró sus esfuerzos en la vertiente únicamente militar y su error fue no favorecer la creación de empresas independientes. Aprendida la lección, China ha tomado nota del modelo con el que triunfó el gigante norteamericano y ahora está replicándolo, combinando el desarrollo tecnológico civil con el militar y favoreciendo la creación de sólidas multinacionales tecnológicas chinas.

China.com

Los avances tecnológicos no están ni mucho menos únicamente centrados en la industria aeroespacial. Antes del espacio exterior, es el planeta Tierra el que quiere conquistar. Y el modelo parasitario que hemos visto prefiere seguir avanzando sigilosamente, sin grandes aspavientos ni declaraciones de guerra que no van con un pueblo acostumbrado al liderazgo silente.

Como la tecnología es para este país un asunto de prioridad nacional, el Gobierno está poniendo todos los recursos de I+D necesarios al servicio de su desarrollo. China no solo no se conforma ya con ser el suministrador de mano de obra barata, ahora quiere liderar la tecnología informática de última generación.

Un dato interesante para la reflexión es que China ya

tiene el doble de internautas que los Estados Unidos. La tercera mayor empresa de Internet del mundo por capitalización bursátil es china. Se llama Tencent y sigue ganando posiciones, solo por detrás de Google y de Amazon. Hace diez años, no existía ninguna empresa china entre las veinte mayores del sector. Ahora hay dos entre las cinco primeras. La quinta en la cima del *ranking* bursátil es el motor de búsqueda Baidu, cuyo presidente, Robin Li, estudió informática en los Estados Unidos y trabajó en la estadounidense Infoseek.

Para llevar a cabo la silenciosa conquista china, primero aprenden, luego replican. Mientras que las puntocoms estadounidenses siguen luchando por abrirse camino en un mercado que superará ampliamente los seiscientos millones usuarios de banda ancha, los chinos ya tienen sus propios sucedáneos locales: Renren y Caixin (son como Facebook); Twitter, que allí está bloqueado, tiene su gemelo chino en Sina; a Google en China le está ganando la partida Baidu, el buscador líder, y Youku es una especie de YouTube (allí bloqueado). Algunos de estos nombres resultan desconocidos en Occidente, pero muchas de estas compañías planean extender su mercado, una conquista que comienzan por Wall Street. La próxima puede ser la china Tik Tok. Caso aparte es la empresa Zoom, la empresa de videoconferencias, la gran revelación del confinamiento. Fundada en 2012 por Eric Yuan, en abril ha multiplicado por tres su valor en bolsa y la han utilizado en este mes trescientos millones de usuarios. Ubicada en los Estados Unidos, utiliza servidores chinos, por lo que sus datos son accesibles al Gobierno chino. Varios países y multinacionales han prohibido su uso.

Si el primer paso fue convertirse en el primer fabricante de ordenadores y de productos electrónicos para el consumo, el siguiente es ser el primero en inventarlos. «En 1978, cuando viajé a China por primera vez, veía a trabajadores chinos uniendo las memorias de los ordenadores con agujas de coser. Ahora la innovación se está acelerando y en el futuro las patentes de los teléfonos inteligentes y las tabletas serán los chinos quienes las creen», relata al *New York Times* Patrick J. McGovern, uno de los primeros inversores en la exitosa empresa de Internet china Tencent Holdings en un interesante reportaje sobre cómo China aspira a liderar el futuro tecnológico.[10]

Así como en siglo xx los Estados Unidos marcaron el camino y el ritmo de las telecomunicaciones, ahora China aspira a tomarle el relevo. Lo intentó Japón en los 80, pero la crisis económica en la que se vio inmerso le impidió lograrlo. Según *The New York Times*, los ingenieros y científicos estadounidenses ya están asumiendo que China tendrá muy pronto el mercado nacional más grande del mundo para el comercio en Internet y la informática.

A finales de 2010, un superordenador chino, el Tianhe-1A, se convirtió en el ordenador más rápido del mundo y, aunque poco después fue superado por otro ordenador

---

10. David Barboza y John Markoff, «Power in Numbers: China Aims for High-Tech Primacy», *The New York Times*, 5 de diciembre de 2011.

japonés, fue una muestra del poder que están desarrollando en el ámbito tecnológico. Otro superordenador chino, el Sunway Bluelight MPP, se colocó en octubre de 2011 entre los veinte ordenadores más rápidos del mundo.

> **Para llevar a cabo la silenciosa conquista china, primero aprenden, luego replican. Mientras que las puntocoms estadounidenses siguen luchando por abrirse camino en un mercado que superará ampliamente los seiscientos millones de usuarios de banda ancha, los chinos ya tienen sus propios sucedáneos locales […].**

Así que en los Estados Unidos ya no solo temen que los chinos puedan copiarles los avances como hasta ahora y reproducirlos luego con técnicas y mano de obra barata, sino que les arrebaten para siempre la delantera científica.

El país asiático se está tomando muy en serio la formación de generaciones enteras de brillantes ingenieros y programadores que ya están ganando concursos internacionales. En vista de la demanda, la prestigiosa Universidad de California en Berkeley creó un campus de ingeniería en Shanghái. Para las altas esferas científicas estadounidenses el riesgo de la transferencia de tecnología es evidente. Tener en casa a una de las escuelas de ingeniería de los Estados Unidos más emblemática, vecina, por cierto, del también californiano Silicon Valley, les podrá ayudar a desarrollar un vivero tecnológico similar al estadounidense, cuna de la era informática moderna. Este es un claro ejemplo de la irresponsabilidad con la que Occidente está alimentando en tecnología y capacidad de gestión al insaciable Dragón Chino.

Según *The New York Times*, un grupo de investigadores de la Universidad de Stanford, en California, analizó la actividad de 769 empresas que habían invertido ya en el muy lejano 2003 en compañías chinas. Las mismas empresas que triunfaron en Silicon Valley han trasladado su experiencia a China. Por utilizar un símil, es como si el Dragón Chino hubiera conseguido incorporar a su aparato digestivo a las empresas multinacionales occidentales, que, con su incontenible voracidad de beneficios a corto plazo, están alimentando al dragón, que las expulsa inmisericordemente cuando ya dejan de serle útiles.

La carrera no es solo informática. China arrebató a los Estados Unidos el puesto de primer productor científico en 2013 según un estudio de la Real Sociedad de Londres para el Avance de la Ciencia Natural, la Royal Society londinense. Su número de investigaciones científicas superó ya las de Japón y el Reino Unido y en los primeros años 20 se espera que se haga con la primera posición.

Ya en 2011 China se convirtió también en el líder mundial de solicitudes de patente registradas. No faltan voces críticas que cuestionan estos datos porque China no cuenta con inspectores suficientes para contrastar la avalancha de solicitudes, lo que da lugar a no pocos conflictos entre los fabricantes chinos y las empresas extranjeras por los derechos de propiedad industrial e intelectual. Pero, mientras se resuelven los contenciosos, es China quien tiene la sartén por el mango, como veremos más adelante al analizar la encrucijada en la que se encuentran las multinacionales que fabrican en China.

El desarme del mundo frente a China

El dilema no es nuevo. El Gobierno del presidente estadounidense Bill Clinton comenzó en los años 90 exigiendo a China ciertas concesiones en materia de derechos humanos para apoyar su ingreso en la Organización Mundial del Comercio. Estas condiciones desaparecieron precisamente por la presión de estas empresas multinacionales estadounidenses, ansiosas por fabricar sus productos en China y luego poder venderlos en el resto del mundo sin protección arancelaria alguna. Con la entrada de los chinos en la Organización Mundial del Comercio se produjo el desarme arancelario del mundo frente a China y se la admitió sin tocar su privilegio de control de cambio. Era como permitir que un elefante entrara en una cacharrería.

A China no le importó desarmarse arancelariamente frente al mundo porque disponía del proteccionismo que le otorga el privilegio del control del tipo de cambio y los obstáculos a las importaciones basados en barreras intangibles (entre ellos, legislación complejísima y heterogénea según provincias y regiones, cultura e idioma). Así que China sí que ha sabido aprovechar espectacular e impunemente ese desarme arancelario.

En la práctica, desde 2001, en que China ingresa en la Organización Mundial del Comercio, hasta 2020 apenas ha habido avances en el ámbito de los derechos humanos mientras que el comercio de China con el resto del mundo se ha multiplicado por diez. Solo en su primera década en la OMC pasó de quinientos mil millones de dólares en 2001 a tres billones de dólares en 2010, lo que convirtió al país en el mayor exportador del mundo y el segundo mayor importador.

Por lo tanto, del cumplimiento por parte de China de sus objetivos hegemónicos no podemos culpar a los chinos, que están en su derecho de obtener para sus ciudadanos las mayores ventajas económicas posibles, sino más bien a la complicidad de intereses económicos cortoplacistas y a los políticos que sirven a esos intereses. Como el hacha del verso de Tagore, que le pidió su mango al árbol y el árbol se lo dio, Occidente le está dando a China el mango que necesita para cortar su hegemonía.

La consecución de estos objetivos, absolutamente legítimos en principio, no sería posible sin la colaboración de las empresas multinacionales occidentales, que están transfiriendo indirecta y masivamente su tecnología a las empresas chinas. Veremos luego en detalle cómo estas empresas multinacionales se configuran como un potentísimo *lobby* pro-China, dado que, desde la tímida apertura económica del país tras su ingreso en la OMC, están consiguiendo pingües beneficios a corto plazo a cambio de la transferencia de tecnología que el Gobierno chino impone. Pero, a cambio de establecerse, tienen que arriesgarse al espionaje industrial y hacer la vista gorda en asuntos de derechos humanos.

Esta transferencia de *know how* no se limita solo a los Estados Unidos. Sin ir más lejos, algunas de las escuelas de negocios más prestigiosas de España se han instalado en China para formar a los empresarios chinos que competirán en el mercado global con los empresarios occidentales, pero con sus propias reglas de juego. Así, por ejemplo, el IESE, escuela de negocios vinculada al Opus Dei a través del prestigioso profesor Pedro Nueno, fue clave en la fundación en 1994 de la China Europe International Business School (CEIBS) en Shanghái, primera escuela de negocios occidental en China.

Pedro Nueno fue condecorado en 2014 por el Gobierno chino con el Outstanding Contribution Award, la máxima distinción educativa de China. Fue también el primer extranjero recibido en audiencia por el presidente comunista Xi Jinping.

Cabe mencionar que en las buenas relaciones España-China tuvo mucho que ver el embajador Eugenio Bregolat, que lo fue en los periodos 1986-1991, 1999-2003 y 2011-2018. Su libro *La segunda revolución china,* escrito en 2007, resulta imprescindible para conocer la transición del comunismo maoísta al comunismo de mercado.

La globalización y el progreso económico lo pueden justificar todo menos jugar el juego de la competitividad global con las cartas marcadas, que es lo que China está haciendo.

7.
Las cartas marcadas de China

«Nadie puede hacer el bien en un espacio de su vida mientras hace daño en otro. La vida es un todo indivisible.»

MAHATMA GANDHI

Juan Roig, el presidente de Mercadona, en una presentación de los resultados de su exitosa cadena de supermercados puso como modelo que imitar por parte de los españoles para salir de la crisis a los siete mil bazares chinos que hay en España y al esfuerzo de los chinos por mantener su actividad económica en un total de cincuenta mil comercios que tienen en nuestro país. Antes de aventurarse a tan arriesgado consejo, el presidente de Mercadona debería hablar con sus conciudadanos de Valencia o con sus familiares, los azulejeros, en cuyo congreso internacional tuve el honor de participar hace un tiempo y donde di una conferencia: «Los grandes desafíos globales del siglo XXI». Tuve allí la ocasión de captar de primera mano la problemática de estos azulejeros españoles cuando me enseñaron la cantidad de naves vacías que hay ahora en la provincia de Castellón. La competencia china está dejando sin trabajo al sector azulejero europeo y, en concreto, al español, antes líderes mundiales junto con Italia. Los chinos controlan ya un tercio del mercado mundial del azulejo.

**China juega con cinco cartas
marcadas: la monetaria, la tecnológica,
la social, la ambiental y la política.**

Habría poco que objetar al señor Roig si, en efecto, los chinos estuvieran ganando la partida limpiamente en un mundo competitivo gracias a su mayor eficiencia productiva, esa a la que el presidente de Mercadona hacía referencia. Sin embargo, si China está ganando la partida a Occidente es porque está jugando con las cartas marcadas. Y eso es trampa.

China juega con cinco cartas marcadas: la monetaria, la tecnológica, la social, la ambiental y la política.

La primera es la *carta monetaria*: su divisa, el yuan, está artificialmente devaluada, lo que supone que las exportaciones chinas estén artificialmente abaratadas. Contra esto es muy difícil competir porque el resto de las divisas sí cotizan en los mercados y tienen que atenerse a la mano invisible del mercado. China mantiene su moneda artificialmente devaluada. Prácticamente, su tipo de cambio yuan/dólar es el doble de lo que debería ser en el estado actual de las relaciones económicas internacionales. Es como si frenase sus importaciones por derechos de aduana en un 100 % del valor de sus productos y como si estimulase sus exportaciones subvencionándolas en un 50 % del precio de sus productos.

La segunda es la *carta ambiental*: China es el país más contaminante del mundo (seguido, por cierto, por los Estados Unidos, la India, Rusia y Japón), con un sistema energético basado en el carbón. Mientras que Europa sigue escrupulosamente las restricciones ambientales marcadas por el Protocolo de Kioto, en China no están por la labor. Así que el modelo de desarrollo chino es altamente contaminante desde el punto de vista energético, con un modelo productivo al que poco le importa liderar las emisiones de CO_2 a la atmósfera que otras regiones del planeta están luchando por reducir.

Las previsiones para 2025 estiman que el total de la energía mundial procederá un 80 % de carbón, gas y petróleo y solo un 20 % de energías renovables, con lo que el volumen mundial de CO_2 emitido a la atmósfera será de 42.000 millones de toneladas frente a los 30.000 millones de toneladas de 2010. El 40 % del incremento de CO_2 previsto procederá de China. Hay que tener en cuenta que el 70 % de la energía china procede del carbón. Los países europeos parten, pues, con una desventaja estratégica debido a su sentido de la responsabilidad medioambiental frente a los dos colosos económicos mundiales. En 2035, China consumirá casi un 70 % más de energía que los Estados Unidos, según la Agencia Internacional de la Energía (AIE).

La tercera de las cartas marcadas es la *carta social*. Es un secreto a voces que las condiciones laborales en China son de semiesclavitud en muchas empresas. Yo le recomendaría al presidente de Mercadona que viera vídeos que hay fácilmente accesibles en la red sobre las condiciones de trabajo en Foxconn, que es la empresa china que proporciona los componentes a la multinacional norteamericana Apple para fabricar los iPad. Una reciente investigación del periódico *The New York Times* reveló que en las fábricas chinas de Foxconn se trabaja con una política laboral esclavista. Con 1,2 millones de trabajadores en sus filas, Foxconn ha tenido que rodear algunos de sus edificios con redes antisuicidio para que sus trabajadores no salten para quitarse la vida, sobrepasados por las durísimas condiciones a las que son sometidos.

El salario medio de los obreros chinos está entre el 40 y el 80 %, según los sectores, de los salarios medios de los Estados Unidos y Europa. Ello se debe no solo al coste salarial directo, sino también a que China tiene un coste prácticamente nulo en cobertura social, cuando en Europa representa un porcentaje muy importante de la masa salarial de las empresas. Huelga decir que en China no hay libertad de asociación, no pueden constituirse sindicatos para defender sus derechos, no hay un máximo de horas que limita las jornadas, etcétera. Además, la duración del horario semanal de trabajo en China es prácticamente el doble del de los Estados Unidos. Con estas condiciones laborales, la desindustrialización no solo está afectando a los países occidentales más desarrollados, sino también a países como México, cuyo coste salarial por hora es nueve veces inferior al de los Estados Unidos, y el de China es nueve veces inferior al de México. Una buena parte de la denominada maquila mexicana, empresas subcontratistas mexicanas de multinacionales estadounidenses, se está desplazando por esta razón hacia China.

La cuarta es la *carta tecnológica* que China se guarda en la manga de su capitalismo de Estado. La ventaja desleal le viene aquí de una interpretación sumamente laxa de la legislación sobre propiedad intelectual e industrial por parte de las autoridades chinas, que permite a las empresas copiar impunemente tecnología desarrollada en otros países. La propiedad intelectual e industrial en China no está controlada como lo exigen las democracias occidentales. Buena parte de su éxito de la última década en los mercados exteriores se ha basado en la copia masiva de tecnología que luego exportaba a precios muy reducidos aprovechando lo deliberadamente laxos que son los controles de propiedad intelectual en su país.

No solo estamos hablando aquí de tecnología de bajo nivel e imitaciones de bolsos de lujo que luego llegarán a los mercadillos de la playa, también se trata de copia indiscriminada de alta tecnología. La adquisición de tecnología por parte de China se realiza fundamentalmente de tres formas: mediante la compra de empresas de alta tecnología occidentales, como fue el caso de la división de ordenadores personales de IBM por parte de la empresa china Lenovo; mediante la obligación de transferir tecnología de última generación a las empresas multinacionales que se instalen en China, y mediante la copia masiva de tecnología.

¿Cómo consigue China copiar las patentes de forma impune? Muy sencillo: aprovechando la incorporación de ingenieros chinos como trabajadores a las fábricas que las empresas occidentales están instalando en China. En cuanto entras en su territorio, estás a expensas de su reglas. Por eso cada vez más empresas se están cuestionando si las ventajas económicas de irse a los países asiáticos a producir les compensa el riesgo de permitir la copia masiva de sus secretos de producción más valiosos.

En el último informe sobre *Piratería del Software Global* de la consultora Business Software Alliance (BSA), China aparece entre los países con un índice de piratería de *software* más alto del mundo (el 78 % del *software* utilizado en China es pirateado). En los países occidentales nos encontramos con que en los Estados Unidos el índice de piratería es del 20 %; en Alemania, del 27 %; en Francia, del 39 %, y en España, del 43 %, por citar algunos ejemplos. También entre los BRICS China es el país con un índice más alto de piratería de *software*, seguido de Rusia (65 %), la India (64 %) y Brasil (54 %). Es un dato más que indica cómo China juega en la economía global con las cartas marcadas.

Por otra parte, los chinos están adoptando la estrategia tecnológica de los japoneses en los años 60, en la que no se limitaban a copiar la tecnología, sino que trataban de mejorarla. Con ello intentan ganar mercado respecto de las marcas originales. Hay incluso una expresión china que define las copias mejoradas de productos tecnológicos: *shanzhai*. Es el término que se utiliza en chino para referirse a los productos fabricados en China copiando las especificaciones y el diseño de marcas extranjeras como Apple, Nokia o Samsung. No es ilegal, porque no copian el nombre real de la marca y porque el diseño es algo diferente, para adaptarse a las necesidades del mercado local. Así, en lugar de un iPhone, el *shanzhai* se llamaría hiPhone. Los *chinaphone,* como también se les conoce, arrasan en países asiáticos y pueden llegar a representar más del 50 % de los teléfonos móviles en la India desde que este país los autorizó en 2010.

La quinta y última de las cartas marcadas de China es la *carta política.* El comunismo de mercado que practica China, un régimen de no libertades, es más eficiente que la democracia de mercado desde el punto de vista de la eficiencia económica. Los sistemas dictatoriales, donde las libertades individuales quedan anuladas y sometidas por el supuesto bienestar común, se denominen capitalismo de Estado, como en el caso del nazismo, o comunismo de mercado, como en el caso de China, son más eficaces en la toma de decisiones que los Estados democráticos al disminuir los costes de transacción y negociación, que encarecen en tiempo y recursos la toma de decisiones. Lo mismo ocurre en la resolución de graves crisis como la del coronavirus.

Solo hay que considerar el gasto de recursos que conllevan las primarias estadounidenses y el largo proceso electoral que conlleva elegir a un presidente, tras muchos meses inmersos en procesos de primarias, con el proceso de elección del presidente chino. Mientras que en China todo el mundo sabía que el próximo presidente iba a ser Xi Jinping, que accedió a la presidencia del país en marzo de 2013 en sustitución de Hu Jintao, Barack Obama debió gastar una enorme cantidad de recursos en luchar por su reelección en noviembre de 2012.

Así que cuando en febrero de 2012 Obama recibió con los máximos honores a Xi Jinping en la Casa Blanca, aunque este solo fuera entonces vicepresidente, en realidad contaba con ventaja a la hora de trazar planes a largo plazo, puesto que el Partido Comunista Chino ya lo había apuntado como sucesor.

El proceso jerarquizado y dictatorial de toma de decisiones en China es sin duda más eficiente que los procesos inherentes a la democracia, pero el coste de la eficiencia es, obviamente, la libertad. La diplomacia china se caracteriza, además, por una estrategia de una especie de pragmatismo amoral basado en el principio de no injerencia con el que no duda en aprovechar los vacíos generados por el bloqueo de los países occidentales a algunos países en función de su régimen político despótico, como Sudán, Cuba o Guinea Ecuatorial, o de su amenaza para la seguridad mundial, como Irán con su plan de nuclearización, para convertirse en socio privilegiado de dichos países.

Si comparamos ahora el férreo poder decisorio de la jerarquía china, calibrado al milímetro, queda claro que está, para bien y para mal, en las antípodas de la estructura de gobernanza no ya de los Estados Unidos, sino muy especialmente de la Unión Europea, cuyo tedioso y descentralizado sistema de decisiones de veintisiete países y veintisiete parlamentos debilita enormemente su papel internacional. Todo el mundo ya sabe que Xi Jinping será reelegido como presidente de China en el congreso que el Partido Comunista Chino celebrará en 2022 y podemos aventurar que Trump volverá a ganar en noviembre las elecciones en los Estados Unidos, pero lo que nadie termina de tener claro es quién diablos manda en Europa.

8.
Del arte de la guerra al arte de los negocios

«Lo mejor de todo es apoderarse del país del enemigo completo e intacto; destrozarlo y destruirlo no es tan bueno.»

SUN TZU, *El arte de la guerra*

La estrategia hegemónica china ha seguido siempre, desde el punto de vista táctico, una profunda discreción. Ya en *El arte de la guerra,* un clásico de la estrategia militar y política escrito por Sun Tzu en el siglo VI a. C., que varias películas ambientadas en Wall Street han contribuido a popularizar como una obra de referencia para la dirección de empresas, se dice que:

Luchar y vencer en todas tus batallas no es la excelencia suprema; el arte supremo de la guerra es someter al enemigo sin combatir.

Dos mil quinientos años después, esa misma idea es la que inspira a Deng Xiaoping, el líder del Partido Comunista

Chino de 1978 a 1992, considerado el artífice de la China contemporánea y gran reformador del país, que lideró la apertura económica al capitalismo. En un discurso poco conocido en Occidente llamado «La estrategia de los 24 caracteres» Xiaoping aconsejaba a su pueblo:

> Observa con calma, asegura tu posición, afronta los asuntos con tranquilidad, esconde tus capacidades y aguarda el momento oportuno, mantén el perfil bajo y nunca reivindiques el liderazgo.

La estrategia de expansión comercial china ha sido en la última década sigilosa pero implacable. Al más puro estilo Sun Tzu, con una estrategia que imita la de una esponja, los cientos de miles de puntos de comercio minorista que tiene distribuidos por el mundo son los poros que van absorbiendo continuamente, sin descanso, los recursos de Occidente para trasladarlos a China. En este mismo momento, cientos de miles de clientes occidentales están dejándose sus euros y sus dólares en los comercios minoristas chinos, parte de los cuales son transferidos a través de bancos chinos a China. Los recursos que los chinos van absorbiendo pueden volver a Occidente en forma de compra de deuda pública o de inversiones directas en empresas de alta tecnología o de sectores estratégicos, energéticos o de materias primas a través de los fondos de inversión estatales que China está creando.

Otros cientos de miles de turistas occidentales, que ya van siendo millones, van dejando también sus divisas en China. Y, hablando del turismo chino, no me resisto a contar la historia del monje español budista en el templo de Shaolin. Hace un tiempo, en un encuentro sobre China me encontré con un español que, me contó su singular peripecia en China. Hacía diez años que, persiguiendo un sueño infantil que alimentaron las películas de kung-fu que veía de niño, había decidido consagrar su vida a las artes marciales entre monjes shaolin. Sin conocimiento del idioma, con unos pocos dólares en el bolsillo y con la dirección del templo de Shaolin escrita en chino en una servilleta como única ayuda, se plantó en el aeropuerto de Shanghái. Cuál no sería su sorpresa cuando le dijeron que el templo que él buscaba se encontraba a unos mil quinientos kilómetros de allí, lo que le obligó a emprender una aventura en tren de quince días en los que se comunicó como podía con los chinos que encontraba en su periplo para poder conseguir algún alimento.

Cuando al cabo de los quince días consiguió llegar a Shaolin estaba anocheciendo. Pero, en vez del idealizado templo de las películas de kung-fu, allí encontró a un grupo de monjes budistas echando una ruidosísima timba de cartas. El mundo se le echó encima. Su idealizado espíritu budista, sublimado a través de las artes marciales de los legendarios monjes que dieron origen a la rebelión de los bóxers contra la creciente influencia occidental en China a finales del siglo pasado, se había transformado de repente en una escena tabernaria. Nada quedaba ya de los monjes shaolin inmortalizados en la película *55 días en Pekín*, donde se narra el cerco de cincuenta y cinco días al que los bóxers sometieron a las embajadas de los principales países occidentales en Pekín.

Aquello se había convertido en una atracción turística donde candidatos a policías o a miembros del ejército se disfrazan de monjes budistas, puesto que los auténticos monjes fueron depurados en la Revolución Cultural de Mao Zedong, en los años 60 del pasado siglo.

El templo de Shaolin se había convertido en un parque temático para ingenuos occidentales, especialmente norteamericanos, que se gastan un buen puñado de dólares por pasar unos días conviviendo con los falsos monjes budistas del templo de Shaolin. ¡Copias falsas de un esplendoroso original! ¿Os suena? ¡Parece que la copia está en los genes del nuevo modelo económico chino! Ello no quiere decir, según me comentaba el aventurero, que el templo de Shaolin no sea en estos momentos una magnífica escuela de artes marciales, de hecho, lo sigue siendo y la mayor parte de aquellos presuntos monjes acaban en la policía o en las fuerzas armadas. Pero no queda ni un ápice de la espiritualidad originaria.

En el actual modelo consumista chino todo es válido, incluso la mistificación de sus tradiciones, para engrosar su insaciable apetito por las divisas occidentales, fuente de su poder económico en el mundo. El noble *arte de la guerra* de Sun Tzu se ha convertido en China en el espúreo *arte de los negocios*.

Para China es del máximo interés mantener desmovilizados a los países occidentales sin alarmar a su opinión pública con los avances económicos y tecnológicos. Por poner un ejemplo, el lanzamiento del primer módulo de la estación espacial china en septiembre de 2011 que mencionaba en el capítulo anterior no mereció más de un minuto en los telediarios españoles. La opinión pública no percibe aún cómo de inquietantes son estos hechos. Occidente, que siempre ha pecado de soberbia, mira con condescendencia estos avances, como si fueran simples anécdotas.

Las cifras, sin embargo, hablan por sí mismas. El crecimiento económico chino entre 1979 y 1999 fue de media del 8 %, frente al 3 % de los países occidentales, y entre 1999 y 2009 el crecimiento del PIB de China fue del 10 % anual, frente al escuálido 1 % de los países occidentales. Estos diez años fueron clave en el actual desarrollo chino. La transferencia de recursos productivos, financieros y tecnológicos con estas cifras se manifiesta prácticamente imparable.

Este descomunal y vertiginoso proceso de absorción de recursos productivos y financieros por parte de China tiene su fundamento estratégico a medio y largo plazo, no solo en la transferencia de las capacidades productivas hacia China, sino también en el control de la distribución de sus productos.

Como quedó explicado al hablar del modelo parasitario, cada vez que una *boutique* española cierra sus puertas y es sustituida por una *boutique* china, el personal español es desplazado por personal chino, que vende productos chinos fabricados por chinos en China. En lugar de operar con bancos españoles, como normalmente era el caso de la *boutique* española cerrada, la nueva tienda china opera con bancos chinos que transfieren parte de los recursos captados por la comunidad china en España hacia China, que ve cómo se incrementan continua y aceleradamente sus reservas de divisas. Por lo tanto, China no solo controla la producción, sino también la distribución mundial de muchos de sus productos.

Más del 50 % de la pequeña distribución de España se encuentra ya en manos chinas, y la proporción sigue creciendo. La estrategia del *arte de la guerra* de Sun Tzu se aplica inexorablemente. Y la del *arte de los negocios* también.

La estrategia de la esponja sigue avanzando incansable e imparable. Los pequeños comercios que constituyen sus poros siguen creciendo y aumentan extraordinariamente la capacidad de absorción de los recursos occidentales de la esponja china. Más del 50 % de la pequeña distribución de España se encuentra ya en manos chinas, y la proporción sigue creciendo. La estrategia del *arte de la guerra* de Sun Tzu se aplica inexorablemente. Y la del *arte de los negocios* también.

9.
La ávida despensa china

Las tierras raras, Argenchina *y otras crónicas de un peligro anunciado*

«El rico come;
el pobre se alimenta.»

FRANCISCO DE QUEVEDO

Si cada doce años hay mil millones de personas más viviendo en la Tierra, es lógico que aumente la preocupación por las reservas energéticas, alimentarias, de agua y minerales, que pueden agotarse a estos espectaculares ritmos de crecimiento de la población, especialmente en países como China y la India. En cualquier caso, si no se agotan, se harán, inevitable y progresivamente, más escasas. El precio de todas estas materias primas irá creciendo considerablemente a lo largo del siglo y, en consecuencia, la preocupación por el abastecimiento irá aumentando.

China ya está tomando medidas. Dos bancos propiedad del Estado chino, el China Development Bank y el The Export-Import Bank of China, prestaron más dinero a países en desarrollo durante la década 1999-2009 que el Banco Mundial, según un estudio. Hasta 2017, la cantidad prestada por China a otros países ascendía a 400.000 millones de dólares. La historia nos enseña que el comportamiento altruista escasea en las relaciones internacionales. Seguramente esta no sea ninguna excepción. ¿Qué buscan? Llenar la despensa.

China es el país más poblado de la Tierra y el que más deprisa está creciendo. Es por tanto lógico que un país con 1.400 millones de habitantes, cuyo modelo de crecimiento, como hemos visto, se está convirtiendo en una impresionante máquina de succión de recursos productivos, financieros y de empleo, esté gravitando gravísimamente sobre las economías de los países occidentales. La intensidad y el ritmo de esta succión de recursos por parte de China acentúan la gravedad del proceso.

Y si hay un sector que ilustra a la perfección los problemas derivados de la enorme succión de recursos de un país que supone el 20 % de la población mundial, distribuida en un territorio de casi diez millones de kilómetros cuadrados y que crece a un ritmo del 7 % anual, es el de las materias primas. Estas tienen una triple dimensión: materias primas agrícolas, materias primas energéticas y materias primas minerales.

China ya desbancó en 2010 a los Estados Unidos como primer consumidor de energía del mundo. Ese año dio la vuelta al mundo la imagen de miles de conductores chinos atrapados en sus coches durante trece días en un impresionante atasco de más de cien kilómetros. La imagen ilustraba perfectamente el descontrolado crecimiento de las megalópolis chinas y el consiguiente aumento de su demanda energética. Imaginarnos estar dos semanas en un atasco puede que ayude a recordar que estamos hablando de unas dimensiones del problema difíciles de concebir para un europeo.

La mitad del crecimiento de la demanda de petróleo proviene de China. El consumo de carbón creció en mil millones de toneladas entre 2006 y 2010 y según las mismas autoridades chinas ha crecido en otros dos mil millones en la última década. Pero los planes siguen adelante.

Además, se ha embarcado en un programa de nuclearización que incluye la construcción de hasta un centenar de reactores nucleares antes de 2030. Actualmente, China cuenta con cuarenta y seis centrales nucleares en funcionamiento, con un ritmo previsto de construcción de seis centrales por año en la década 2020-2030, aunque el programa fue suspendido temporalmente tras el accidente de Fukushima con el objetivo de añadir controles de seguridad tanto en las centrales operativas como en las que se encuentran en construcción. Pero los planes siguen latentes.

China es una trituradora de recursos. Consume el 46 % del acero vendido en el mundo frente al 6 % de los Estados Unidos, el 41 % del aluminio del mundo frente al 11 % de los Estados Unidos y el 46 % del cobre del mundo frente al 9 % de los Estados Unidos. Asimismo, consume el 40 % del zinc y el 49 % del níquel. Para entender el impacto que ha tenido su entrada en la OMC en la economía mundial y,

concretamente, en la utilización de materias primas estratégicas, debemos recordar que en el año 2000 el consumo de
cobre de China era tan solo el 10 % del total, el de aluminio,
el 12 %, el de zinc, el 14 % y el de níquel, el 5 %.

Estas cifras adquieren toda su relevancia si las ponemos
en perspectiva de acuerdo con los resultados que se despren-
den del programa *Future Agenda,* un estudio financiado por
Vodafone en el que se identifican como las cuatro incertidumbres que se ciernen sobre la economía mundial en la
próxima década las siguientes:

- El crecimiento desigual de la población en el mundo.
- El agotamiento progresivo y acelerado de las materias primas.
- La desviación de los centros de poder económicos hacia
  Asia.
- Los problemas vinculados al acceso universal de la infor-
  mación a través de las tecnologías de la información y de
  Internet.

A estas incertidumbres les añadiría una quinta que considero
fundamental y que enlaza con la teoría de Huntington que
veíamos antes y su choque de civilizaciones, que es la evolución de los países islámicos y la resolución definitiva del
juego de poder establecido en las denominadas *primaveras
árabes* y cuyo desenlace final no está ni mucho menos escrito entre las alternativas del modelo iraní chiita de islamismo
radical, el islamismo radical wahabita de Arabia Saudita y el
modelo turco de islamismo moderado.

Pero volvamos al informe y los retos energéticos. *Future Agenda* analiza cuántos años les quedan, siguiendo las tendencias actuales de consumo, a las reservas minerales en el mundo. Por citar algunos ejemplos, al cobre se calcula que le quedan 61 años; al níquel, 90 años, y al zinc, 46 años. Habría oro para 45 años y plata para 29 años. ¿Y luego qué?

Las reservas se agotan, afrontémoslo. En relación con la energía, los estudios más solventes apuntan a que las reservas de petróleo se agotarán dentro de 40 años en el mundo y dentro de 8 en Europa. Las de gas, dentro de 63 años en el mundo y de 12 en Europa; las de uranio en 80 años en el mundo y en 50 en Europa; mientras que el carbón perdurará 150 años más. La situación es especialmente delicada para España, puesto que su dependencia energética en los combustibles fósiles es del 75 %, frente al 50 % de la media europea.

En 2020 hay ya 2.000 millones de automóviles en el mundo, cuando hace una década había solamente 600 millones. Ello se debe sobre todo al tirón de la demanda de los BRICS, en especial la India y China. ¿No son estas cifras lo suficientemente ilustrativas para explicar la batalla soterrada por los recursos minerales de nuestro planeta?

Para los que piensan que la solución pasa por las energías renovables, hemos de recordar que con el estado actual de la tecnología la generación eléctrica fotovoltaica cuesta en torno a los 70 euros megavatio-hora; la eólica, 65 euros; el gas, 60 euros; el carbón, 50 euros, y la nuclear, 45 euros. Hoy por hoy, pensar en un modelo cien por cien basado en las energías alternativas o prescindir de la energía nuclear es prácticamente impensable desde el punto de vista de la eficiencia económica, sobre todo cuando China está apostando preferentemente por mantener como fuentes fundamentales de energía el carbón y la nuclear, que no en vano son precisamente las más baratas en sus costes de generación.

En cualquier caso, aunque China es el mayor productor y consumidor mundial de carbón y está construyendo una planta de extracción de este mineral a la semana, sabe que solo tiene reservas de este para los próximos cuarenta años. Tal vez por ello también encabeza la inversión en energías renovables (ya en 2010 superó a los Estados Unidos como mayor productor de energía eólica y ha logrado también el podio en termosolar), así que, si esta fuera la solución del futuro, parece que también llegará a ella primero. China no deja nada al azar.

Entretanto, la estrategia china pasa, según se describe pormenorizadamente en el libro *La silenciosa conquista china*,[11] por el control paulatino, discreto pero inexorable, de los recursos minerales y energéticos de África y América Latina, se apoya en el ingente poder económico y financiero que le conceden sus más de tres billones de dólares de reservas en divisas y se hace cargo de la construcción de las infraestructuras de transporte, tanto por carretera como por ferrocarril, para transportar las materias primas desde sus lugares de ori-

11. Juan Pablo Cardenal Nicolau y Heriberto Araújo Rodríguez, *La silenciosa conquista china,* Barcelona: Crítica, 2011.

gen hasta puertos del Pacífico que les permitan llevar dichas materias primas minerales a China.

En África, por ejemplo, hay en estos momentos más de cinco mil empresas chinas con un millón de técnicos y trabajadores y dos mil proyectos en los que están involucrados dichas empresas, sobre todo en minas, petróleo, refinerías, carreteras y puertos. Es el tercer socio comercial e inversor de África, muy cerca ya de los Estados Unidos y Europa, posición que ha escalado en tan solo los últimos ocho años, cuando Occidente lleva en África entre doscientos y trescientos años. A este ritmo, antes de que termine la década ocupará el primer puesto comercial e inversor en África.

El curioso caso de las tierras raras

El fallo estratégico más significativo de Occidente, sin embargo, seguramente sea el caso menos conocido de las denominadas tierras raras. Son diecisiete elementos químicos esenciales para la fabricación de productos electrónicos de última generación. China los controla todos.

Sus nombres de pila son aún más desconocidos que la pérdida de su control. Son el cerio, el lantano, el disprosio, el europio, el neodimio, el terbio, el tulio, el niobio, el escondio… Nombres que suenan lejanos pero que necesitamos para nuestra vida cotidiana como el comer, especialmente dada la creciente dependencia a las nuevas tecnologías que han desarrollado nuestras sociedades. Las tierras raras contienen componentes metálicos con propiedades únicas, imprescindibles para la fabricación de ordenadores, coches, pantallas planas, discos duros, paneles fotovoltaicos, baterías recargables, teléfonos móviles... ¿Podemos vivir sin móvil? ¿O sin coche? Pues entonces sin tierras raras tampoco.

Los Estados Unidos eran en los años 80 los líderes en la explotación de estos componentes imprescindibles para la industria informática y electrónica de alto nivel. Pero cuarenta años más tarde, cuando la demanda de radares, satélites, láseres, fibra óptica o pantallas táctiles ha estado aumentando vertiginosamente, el valor estratégico que se les daba a estos minerales en Occidente paradójicamente ha ido disminuyendo. En los años 90, cuando el auge de la burbuja financiera hizo que los intereses de Wall Street se preocuparan más por la ingeniería especuladora en vez de por la economía real, la extracción de este tipo de minerales, así como su relevancia estratégica, se descuidó completamente. China, por el contrario, centró con mucho criterio grandes esfuerzos inversores en la exploración de estos minerales y supo ver su creciente relevancia para la industria informática. El resultado es evidente: ahora China ha pasado a encabezar la producción mundial de estos minerales y controla un abrumador 95 % de las reservas del planeta, mientras que los Estados Unidos han dejado de poder autoabastecerse y necesitan comprárselos a su rival. Todos los necesitamos.

No es que las tierras raras se encuentren en territorio chino, como pasa con las reservas de petróleo en los países de

Oriente Medio. No es, por tanto, que los chinos hayan tenido la suerte geográfica de que el destino les haya agraciado con estos minerales en sus fronteras. Son ellos quienes se lo han trabajado. La dificultad de la explotación de las tierras raras está en que se requiere una altísima y prolongada inversión, ya que estos elementos son muy difíciles de hallar. Mientras el resto del mundo descuidaba estas inversiones, China las redobló. Una bonita lección geoestratégica.

> **Las tierras raras contienen componentes metálicos con propiedades únicas, imprescindibles para la fabricación de ordenadores, coches, pantallas planas, discos duros, paneles fotovoltaicos, baterías recargables, teléfonos móviles… ¿Podemos vivir sin móvil? ¿O sin coche? Pues entonces sin tierras raras tampoco.**

Pekín obtuvo en 2011 una licencia de diez mil kilómetros cuadrados para la explotación en el océano Índico de los sulfuros polimetálicos (ricos en oro, plata, cobre y tierras raras) que se encuentran a unos mil quinientos metros de profundidad marina. Han estado desarrollando prototipos de sumergibles para llevar a cabo estas explotaciones que han descendido hasta más de cinco mil metros de profundidad en el mar de China. La consecuencia económica previsible del progresivo agotamiento de los recursos minerales será una imparable tendencia al alza del precio de las materias primas que alimentará lo que más adelante identificaremos como estanflación estructural, es decir, el enemigo en casa.

La Unión Europea, los Estados Unidos y Japón han reaccionado finalmente y han hecho lo único que podían hacer: acusar oficialmente a China ante la Organización Mundial del Comercio por su restricción sobre las exportaciones de materias primas, entre las que están incluidas las codiciadas tierras raras. Con una década de retraso, el Departamento de Comercio de los Estados Unidos ha caído en la cuenta de que dejar en manos chinas el 96 % de estos minerales da a este país un peligroso control sobre sus precios. Según la denuncia presentada ante la OMC, China está limitando las exportaciones, lo que provoca un alza artificial de sus precios en el mercado global mientras caen en el doméstico. Lógicamente, esto «da una ventaja significativa a los fabricantes chinos».[12] ¿De verdad no lo vimos venir?

Por otra parte, la Sociedad Americana de Física alerta del papel fundamental que el telurio, el germanio, el platino, el litio y el terbio juegan en los equipamientos de alta tecnología industrial, medioambiental y militar y cuya escasez será crítica en la evolución de numerosos sectores industriales en el futuro.

Las soluciones que se apuntan a los problemas planteados en este estudio se basan en una radical eficiencia en la uti-

---

12. Sandro Pozzi, «EE.UU. lleva a China ante la OMC por limitar la exportación de minerales raros», *El País*, 13 de abril de 2012.

lización de estas materias primas, en el establecimiento de alianzas estratégicas con proveedores y en la diversificación, si fuese posible, de dichos proveedores, así como en la obtención de materias primas sustitutivas naturales o sintéticas.

Con las cosas de comer no se juega y China lo sabe

De acuerdo con el Informe Anual del Banco Mundial sobre el precio de los alimentos, durante la década pasada estos han tenido un aumento del 73 % en el precio del maíz, un aumento del 80 % en el precio del azúcar y de los aceites comestibles y un incremento de en torno al 70 % del precio del trigo.

En la India, la inflación del precio de los alimentos llegó al 18,3 % y el incremento de la inflación en China se considera que está provocado en gran medida por el aumento del precio de las verduras y del arroz.

Con este panorama se está produciendo una adquisición masiva de tierras agrícolas por parte de países con gran capacidad financiera. China no está sola en esto. Así, Japón ha adquirido en el extranjero tierras cultivables que triplican las que disponen en su propio país. Corea del Sur iguala a las disponibles dentro del país, mientras que Arabia Saudí, Kuwait, Baréin, los Emiratos Árabes y, muy especialmente, China también están comprando a su vez tierras fértiles en Brasil y Argentina, Pakistán, Filipinas, Birmania, Zambia, Tanzania y Uganda, y dan de ese modo lugar a un fenómeno que el presidente de la FAO ha definido como «neocolonialismo agrario».

Según la empresa Global Land Project, solo en África han cambiado de manos los últimos tres años 63 millones de hectáreas, una superficie similar a la mitad de Francia. Lo más preocupante de este dato es que muchas de estas hectáreas se destinan a la producción de biocombustibles o flor cortada en vez de a alimentación básica.[13]

En estas circunstancias, la imparable tendencia al alza de los alimentos en los próximos años está haciendo que en la Bolsa de Chicago, que es el mayor mercado de valores de materias primas del mundo, el trigo, la soja o el maíz estén cotizando como lo hicieron en su día las empresas puntocom y se conviertan en un creciente refugio bursátil para grandes corporaciones bancarias que ofrecen apuestas financieras sobre fondos de inversión en productos agrícolas y en la compra de tierras de cultivo con fines especulativos.

Según diversos informes internacionales, China ha comprado tres millones de hectáreas en el Congo y otros tres millones en Zambia para plantar palma, con lo que convierte seis millones de hectáreas de África en monocultivo y expulsa especies de flora y fauna y a pueblos enteros de pequeños agricultores, que normalmente son sustituidos por agricultores chinos llevados hasta allí en una especie de voluntariado forzoso, valga la contradicción.

13. Miguel Ángel García Vega, «Pelea por nuevas tierras», *El País*, 23 de diciembre 2011.

Estas circunstancias avalan opiniones como la que expuso hace casi una década la socióloga Saskia Sassen, profesora de las Universidades de Columbia y Chicago, quien considera que en estos momentos la inversión extranjera en los países menos desarrollados está devastando las economías tradicionales y hace aumentar la emigración tanto hacia el exterior como hacia las grandes ciudades.[14]

El caso de Latinoamérica

El espectacular crecimiento de las relaciones entre China y Latinoamérica no está exento de problemas ni puede dejarnos indiferentes. En Perú, por ejemplo, las empresas chinas (pseudoestatales) controlan ya el 30 % de la producción minera y a Chile le compra el 50 % de su cobre.

China y Latinoamérica casi no comerciaban en el año 2000 y veinte años después Pekín es el segundo socio comercial de la región, solo por detrás de los Estados Unidos (y por delante de la Unión Europea). Igual que está pasando con África, el interés chino en Latinoamérica es hacerse con tierras que le abastezcan de recursos naturales.

El problema para Latinoamérica es que estas inversiones no ayudan a su desarrollo industrial ni comercial a largo

14. Anatxu Zabalbeascoa, «Entrevista: Saskia Sassen. "Se ha roto el ciclo, porque el salario del trabajador ya no permite mantener el consumo"», *El País*, 29 de enero de 2012.

plazo. De las diecinueve mayores inversiones chinas anunciadas en esta región desde 2005, solo cuatro se destinaron a la industria y la infraestructura, las demás, a la producción de materias primas.[15] El peligro para la región hermana es quedar reducida a la dependencia exportadora de productos primarios mientras continúa importando de China todos los equipos tecnológicos y manufacturas que no se ha preocupado por ser competitiva en producir.

Me van a permitir a este respecto que reproduzca parte de un artículo del periodista argentino Andrés Oppenheimer, Premio Rey de España en 2001, publicado el 8 de septiembre de 2011 en el periódico *New Herald* de Miami y que ilustra perfectamente el *modus operandi* de las empresas chinas en América Latina por alguien que conoce muy de cerca la región y las preocupaciones que ello está despertando:

> Después de varios años de exportaciones latinoamericanas récord a China –que ayudaron a la región a crecer significativamente pese a la recesión global– hay signos de que esa luna de miel podría estar a punto de terminar. Cada vez más empresarios y expertos en comercio latinoamericanos se están quejando de que China le compra a la región casi exclusivamente materias primas y se niega a comprar productos latinoamericanos más sofisticados –y costosos–, lo que les impide así a los países de la región tener economías más diversificadas. Además, las em-

15. Alejandro Rebossio, «China "coloniza" Latinoamérica», *El País*, 22 de noviembre de 2012.

presas chinas están introduciendo en la región dudosas prácticas comerciales, explotando a los trabajadores y destruyendo el medioambiente.

Una columna reciente del exdiplomático brasileño Rubens Barbosa publicada en el diario *O Estado de São Paulo* dice que junto con un aumento del comercio y de las inversiones las empresas chinas están llevando a los países en desarrollo «una cultura del vale-todo, que incluye hasta la violencia física en las relaciones laborales».

Citando un artículo de la revista *The Economist* sobre las inversiones chinas en África, Barbosa dice que China «está destruyendo parques y bosques en busca de recursos minerales y agrícolas, y viola las reglas más rudimentarias de seguridad laboral. Los caminos y hospitales construidos por los chinos están mal terminados, entre otras cosas porque sus empresas constructoras sobornan a los funcionarios locales».

Casi simultáneamente, un nuevo estudio de la Comisión Económica para América Latina y el Caribe de las Naciones Unidas (CEPAL) titulado «Panorama de la Inversión Internacional» revela que el 87 % de las exportaciones latinoamericanas a Asia –principalmente a China– son materias primas y solo el 13 % son productos manufacturados. En comparación, el 60 % de las exportaciones latinoamericanas a los Estados Unidos son productos manufacturados y el restante 40 % son materias primas, dice el estudio. Una de las principales asignaturas pendientes de América Latina es diversificar sus exportaciones a China para no ser vulnerables en el caso de una repentina caída de los precios, agrega el informe.

Y concluye: «Desafortunadamente, varios gobiernos sudamericanos están engañando a su población afirmando que su reciente crecimiento se debió a un supuesto novedoso modelo económico más que a una ola de compras chinas que podría no durar para siempre. Ojalá que una visión más realista ayude a que estos países procuren intercambios comerciales más maduros con China, que beneficiarían aún más a la región».[16]

Caso especial en las relaciones de China con Latinoamérica es el de Venezuela. Un cierto grado de afinidad o simpatía ideológica y la obsesión venezolana por desprenderse de su dependencia respecto de los Estados Unidos, han llevado a ambos países a realizar asociaciones estratégicas desde el año 1999 con numerosos acuerdos en múltiples sectores. «Esta alianza estratégica […] es un nuevo paradigma basado en el respeto mutuo, la complementariedad, la solidaridad y la amistad. De allí nacen todas las demás cosas. Venezuela y China son grandes amigos, grandes camaradas», Hugo Chávez *dixit*. El intercambio comercial entre ambos países no llegaba a 300 millones de dólares en 2001 y actualmente supera los 30.000 millones de dólares.

El acuerdo más relevante, lógicamente, se centra en el sector petrolero y se refiere fundamentalmente a la explotación de la faja petrolífera del Orinoco, donde se encuentran los recursos más importantes de petróleo con que cuenta el país.

16. «Latin America's Blind Love for China May Be Over», *Miami Herald*, 8 de septiembre de 2011.

Se estima que dicha faja contiene 236.000 millones de barriles de crudo extrapesado, lo que la convierte en la reserva de petróleo más grande del mundo. Con objeto de explotar dicho petróleo, se ha creado la industria chino-venezolana de taladros, identificada como «empresa socialista de capital mixto». Las empresas chinas que trabajan actualmente en la faja petrolífera del Orinoco producían junto con petróleos de Venezuela y sus filiales 118.000 barriles al día en 2012. En 2018 procesaron casi un millón de barriles por jornada. En 1999 Venezuela exportaba anualmente a China 1,2 millones de toneladas de petróleo; en 2018 exportó a China más de 15 millones de toneladas. La producción conjunta de crudo era en 2001 de 500 toneladas y en 2020 de más de 6 millones de toneladas. En cuanto al suministro de hierro, Venezuela vendió en 2018 más de 3 millones de toneladas a China, lo que equivale a un tercio de la exportación total del país sudamericano al exterior.

> En 1999 Venezuela exportaba a China 1,2 millones de toneladas de petróleo; en 2018 exportó a China más de 15 millones de toneladas.

¿Y Argentina? ¿Sorprendería a alguien que la empresa china CNOOC y su socio argentino, la empresa Las Bridas de la familia Bulgheroni, grupo industrial bendecido por los Kirchner, ocupara el espacio dejado por Repsol en YPF? ¿Se saciará el Dragón Chino con el petróleo argentino? Argentina necesita para la explotación del yacimiento de Vaca Muerta, en la provincia de Neuquén, financiación y tecnología avanzada. La previsible solidaridad de los Estados Unidos con España, en su contencioso por despropiación en la filial argentina de Repsol YPF, no se produjo y dejó abierta la puerta a negociaciones con la empresa china CNOOC. Si el pacto de la nueva YPF con CNOOC no fructificara, será con Sinopec, la otra gran empresa petrolera china que, según el portal financiero chino Caixin.com, negociaba ya en 2011 un acuerdo con Repsol para comprar sus acciones en YPF por 11.400 millones de euros. En 2011 Sinopec compró los activos en Argentina de la empresa estadounidense Occidental Petroleum por casi 2.000 millones de euros.

La sed de petróleo del Dragón Rojo es tan impresionante que desde 2005 el grupo Sinopec ha realizado 74 operaciones de adquisición por valor de unos 37.000 millones de euros. En 2010, por ejemplo, compró el 40 % de los activos de Repsol en Brasil por unos 5.500 millones de euros. Argentina decidió expropiar por una miseria a Repsol para entregar por una fortuna el petróleo a los chinos, o sea, al Partido Comunista Chino que controla Sinopec, si definitivamente la operación chino-argentina se concreta. ¡Negocio redondo! Todo el mundo sabe que algunos conspicuos políticos argentinos –cuidado, no el pueblo argentino– son unos magos de las finanzas públicas ¿o privadas? En cualquier caso, el tiempo lo dirá, más pronto que tarde. Y mientras tanto China a lo suyo, que es el control de las materias primas y energéticas ¡del mundo!

Recordemos, por otra parte, que China es el principal comprador de soja argentino y que la soja el principal producto de exportación agraria de este país, al que tiene dedicadas nada menos que en torno a veinte millones de hectáreas que producen alrededor de cuarenta y cinco millones de toneladas.

Además, una empresa estatal china va a adquirir por 1.400 millones de dólares 320.000 hectáreas de campo en la provincia de Río Negro para fertilizarlas y exportar su producción a China, que tiene como objetivo estratégico, según hemos visto anteriormente, asegurarse no solo materias primas y energía, sino también alimentos. ¡Bienvenidos a *Argenchina*!

La absoluta falta de escrúpulos de China en sus negocios internacionales facilita la rapidísima ocupación de espacios dejados por las empresas occidentales en cualquier parte del mundo. Por eso resultan tan sorprendentes las ingenuas palabras del presidente de Repsol cuando afirmaba: «Los chinos, por más chinos que sean, son muy serios». No debe de recordar las palabras de Deng Xiaoping: «Gato blanco, gato negro, lo importante es que cace ratones». Relativismo moral, pragmatismo y absoluta falta de escrúpulos. Así se va construyendo el nuevo imperio chino. ¿Hará falta recordar el coronavirus? Lo veremos más adelante.

Obviamente, este comportamiento y la situación social, política y económica que está provocando conduce a la deslegitimación ideológica del Partido Comunista Chino. El comunismo es igualitario y solidario en sus principios. El actual modelo chino es enormemente clasista y competitivo. Las clases sociales reaparecen. ¿Volverá también la lucha de clases de acuerdo con la teoría marxista?

En cualquier caso, vemos cómo China conquista silenciosa, discreta e inexorablemente, también, Latinoamérica.

10.
El enemigo en casa:
la estanflación estructural

«La tierra ofrece lo suficiente como para satisfacer lo que cada hombre necesita, pero no lo que cada hombre codicia.»

MAHATMA GANDHI

¡Tenemos mil millones de nuevos habitantes en la Tierra cada doce años! Los países que suman un tercio de la población mundial, China y la India (con 2.500 millones de habitantes), crecen casi al 10 %. ¿A alguien le puede extrañar que se estén agotando las materias primas, el petróleo y haya problemas alimentarios en el mundo? Incluso si se descubrieran, como es previsible, nuevos yacimientos, el coste de extracción y tratamiento de los minerales y del petróleo sería mucho más elevado que en la actualidad, ya que o bien se encontrarían en el fondo del mar o, como ocurre con los recientes descubrimientos de yacimientos de petróleo y gas no convencional, estos se encuentran empapando rocas y no en bolsas, con lo que la tecnología y las dificultades de extracción y tratamiento son mucho más complicadas que en la actualidad. La era de las materias primas y la energía barata ha terminado, aunque temporalmente, como ocurre con la actual crisis del coronavirus, los precios se desplomen por el hundimiento de la demanda o por una guerra comercial entre países productores, como la que mantienen actualmente Rusia y Arabia Saudita.

> [...] la estanflación se produce cuando la economía está estancada pero los precios siguen subiendo.

Respecto de los alimentos, algunos datos ilustrativos. El índice del Fondo Monetario Internacional especializado en materias primas agrícolas subió desde los 75 puntos en 2002 hasta los 191 en febrero de 2011. Otro de los índices de referencia de las materias primas agrícolas, el FAO-FOOD de las Naciones Unidas, subió en febrero hasta 215 puntos, lo que supone un 140 % más que en el año 2000. Por otra parte, desde que la Unión Europea decidió eliminar las políticas regulatorias y asumió el paradigma de la liberalización del comercio mundial de materias primas agrícolas, se acabó la estabilidad de los precios, y esto estuvo en el origen de las grandes subidas de los precios agrarios en el mundo. Por último, la Organización de las Naciones Unidas para la Alimentación y la Agricultura, la FAO, señala que «la producción alimentaria mundial tiene que aumentar un 70 %

hasta 2050 para satisfacer la demanda de la población, que será un tercio más elevada que ahora».

Por todo lo anterior, la tendencia a largo plazo será que se mantenga una subida continua de los precios de los alimentos como consecuencia del crecimiento demográfico, del aumento de los ingresos de la población mundial, en especial de los BRICS (Brasil, Rusia, la India y China), y de la escasez de nuevas tierras de cultivo.

Así pues, todas las previsiones apuntan a un aumento del precio de los alimentos, del precio de la energía y del precio de las materias primas minerales en las próximas décadas. ¿Qué significa esto? Pues que la estanflación estructural está servida.

Veamos qué es eso: la estanflación se produce cuando la economía está estancada pero los precios siguen subiendo. Es una situación perversa en la que la pescadilla se muerde la cola, porque, como la inflación no da tregua, la gente pierde poder adquisitivo y, por tanto, no aumenta su consumo, así que la demanda tampoco crece, el desempleo sigue subiendo y la economía no remonta el vuelo. Pues bien, me temo que es a esto a lo que nos estamos dirigiendo como no reaccionemos a tiempo.

Desde recién terminada la Segunda Guerra Mundial hasta la crisis del petróleo de 1973, con la aplicación del modelo keynesiano que ya hemos comentado, se pensó que si se aumentaba la demanda global se podían atacar los dos grandes problemas de la economía, a saber, el desempleo y la inflación. Para luchar contra el desempleo bastaría con incrementar la demanda global aumentando la capacidad de consumo de las familias mediante la reducción de impuestos directos, aumentando la capacidad de inversión de las empresas con una política de bajos tipos de interés, aumentando el gasto público, en especial la inversión pública, y fomentando las exportaciones con un tipo de cambio devaluado.

Pero para luchar contra la inflación de demanda –subida de precios provocada por un crecimiento de la demanda– las medidas serían exactamente las contrarias, es decir, reducir la demanda global mediante una subida de impuestos directos que disminuyera la renta disponible de la familias y, por lo tanto, el consumo; una subida del tipo de interés que desincentivara la inversión; una disminución del gasto público y una revaluación del tipo de cambio que encareciera y, por lo tanto, disminuyera la demanda exterior, es decir, las exportaciones. La claves de este simplificado modelo radica en que Keynes consideraba imposible que coexistieran desempleo e inflación, pues el desempleo es consecuencia de una insuficiencia de la demanda global que tiraría de los precios hacia abajo y la inflación sería consecuencia de un exceso de demanda global que conduciría a altos niveles de empleo. Pero ahora sabemos que los precios pueden subir, la economía estancarse y el desempleo aumentar.

El modelo keynesiano tiene que enfrentarse por primera vez a que desempleo e inflación coexistan a partir de la crisis del petróleo de 1973. Un hecho insólito en las economías desarrolladas desde el fin de la Segunda Guerra Mundial. El fenómeno resulta tan novedoso que los economistas se tienen que inventar un nuevo concepto para definirlo, que es lo que se conoce como estanflación (en inglés, *stagflation*).

La pregunta clave es cómo pueden coexistir desempleo e inflación, fenómeno imposible de explicar a través del modelo keynesiano. La respuesta es que a partir de 1973 cambia la naturaleza de la inflación. De una inflación de demanda, en la que los precios crecen como consecuencia de un incremento de la demanda global, se pasa a una *inflación de costes*, en la que los precios crecen en un escenario de recesión de la demanda debido al incremento de los costes de producción provocados por el aumento radical del precio de la energía y de las materias primas que se traslada a toda la cadena de valor de la empresa. Los empresarios se ven obligados a subir los precios para conseguir beneficios en un escenario de incremento extraordinario de los costes de producción.

La situación de 1973 había sido provocada por la ruptura del sistema monetario internacional en 1971 por parte del presidente estadounidense Richard Nixon, que pasó de un sistema de cambios fijos a un sistema de cambios flotantes, lo que creó una extraordinaria incertidumbre financiera internacional, y por la posterior crisis del petróleo de 1973, que elevó el precio del barril de menos de dos dólares a más de treinta y cinco dólares en un corto periodo de tiempo.

La teoría económica keynesiana no daba solución a la existencia simultánea de los problemas de desempleo e inflación debido, entre otras cosas, a que la inflación que estaba gangrenando la economía mundial era una inflación de costes fruto, fundamentalmente, de ese extraordinario crecimiento del precio del petróleo, mientras que las recetas keynesianas solo eran útiles para combatir la inflación de demanda.

La inflación de costes se combate a nivel microeconómico, es decir, en definitiva, a nivel empresarial. Así que el énfasis de las políticas económicas pasó de la macroeconomía de los presupuestos gubernamentales, en la que se impusieron las teorías neoliberales de presupuesto equilibrado y utilización exclusiva de la política monetaria, a la política industrial. Es, pues, a nivel de empresa donde puede actuarse frente a la estanflación, sobre todo a través del rediseño de los procesos industriales y de la innovación de productos y procesos.

¿Qué tiene esto que ver con China? No hay más que recordar el escenario antes descrito, en el que analizamos la succión de recursos productivos hacia China, lo que genera procesos de desindustrialización masiva. Las consecuencias son evidentes: aumento de precios de las materias primas por la creciente escasez (más inflación) y un importantísimo impacto sobre el empleo (más paro), así como la descapitalización del sistema financiero occidental a través de la impresionante acumulación de reservas (en torno al 40 % del total de las reservas mundiales de divisas) por parte de dicho país. ¿Cuál es la consecuencia? Una nociva situación de estancamiento y desempleo masivo en los próximos años combinado con un incremento considerable del coste de la energía de las materias primas y de los alimentos (y este último afecta gravemente a la capacidad de consumo de las familias). Este es resultado de la estanflación estructural.

Por eso es de mucha utilidad mirar las medidas que se pusieron en marcha en aquella crisis de los años 70, porque pueden inspirar algunos de los remedios que necesitamos en el futuro. La política industrial orientada a combatir la estanflación apoyaba entonces lo que se consideraba que debería ser la reacción natural de las empresas ante la crisis:

- Cambio en el modelo de negocio, que desde el punto de vista de la estrategia suponía pasar del modelo de integración vertical de los años 50 y 60 al modelo de *core business,* en el que las empresas se concentraban en sus actividades de alto valor añadido y subcontrataban las demás, con lo que pasó a ser central en la gestión empresarial la denominada «gestión de proveedores».
- Reingeniería de procesos orientada fundamentalmente al ahorro de costes energéticos y a la incorporación de nuevas tecnologías, en especial la automática y la robótica, que se desarrollaron con profusión en estas décadas.
- Gestión de compras que permita optimizar la relación con los proveedores de forma que disminuyan drásticamente los costes derivados de los *inputs* necesarios para la producción.
- Innovación de productos y servicios incorporando las nuevas tecnologías o productos ya existentes o desarrollando nuevos productos basados en estas tecnologías. En la Comunidad Valenciana, el sector del juguete ilustra

perfectamente las oportunidades de innovación que surgieron con la incorporación de la microelectrónica a los juguetes tradicionales y el desarrollo de nuevos juguetes electrónicos.

- Internacionalización de empresas: la diversificación del riesgo en entornos turbulentos exige diversificación de mercados a través de estrategias de internacionalización apoyadas en las tecnologías de la información y las comunicaciones.

Ser más competitivos se ha vuelto más imprescindible que nunca. Eso sí, mientras China juegue con las cartas marcadas la partida seguirá sin ser justa.

Como luego veremos en los siguientes capítulos, parte de la solución al dilema chino, que los Gobiernos ya no pueden seguir ignorando, viene en estas recetas. Es decir, una parte de la solución (igual que del problema) está en nuestras manos y es nuestra responsabilidad. Ser más competitivos se ha vuelto más imprescindible que nunca. Eso sí, mientras China juegue con las cartas marcadas la partida seguirá sin ser justa.

11.
El desembarco chino en Europa

«Para conducir el gobierno de un Estado debe existir una religiosa atención hacia los negocios y la buena fe, ahorro en los gastos y amor por el pueblo.»

CONFUCIO

China está desembarcando simultáneamente en todos los continentes. Su presencia ha sido especialmente fuerte en África y en algunos países de Latinoamérica, como Perú, por su extraordinaria avidez de materias primas. Pero no son solo estos continentes en los que China está tomando posiciones para tomar el control de los recursos energéticos, China también está desembarcando en Europa. Occidente está dejándose parasitar.

El desembarco chino se está dando a través de inversiones industriales y financieras estratégicas. En Europa, China tiene interés por su capacidad importadora y por sus inversiones industriales en sectores estratégicos a través de los fondos soberanos que ha creado recientemente. Los objetivos estratégicos de las inversiones industriales chinas en empresas multinacionales, europeas y estadounidenses, de las que vamos a ser testigos en los próximos años son: rentabilidad financiera, captación de tecnología y poder de negociación politicoeconómica.

Para la exportación de su mercancía, los chinos utilizan fundamentalmente puertos griegos y españoles como vía de penetración al resto de Europa por su posición estratégica en relación con los mercados del este, en el caso griego, y con los mercados occidentales y centroeuropeos, en el caso español, y porque, además, en estos dos países se junta la gravedad de la crisis económica con una aplicación más laxa de la legislación europea en relación con la construcción de polígonos industriales y con la inmigración china. En Grecia y en España las autoridades son más permisivas que en otros países. Aunque ambos países están sometidos en temas de inmigración a la legislación comunitaria, la rigidez en su aplicación es distinta. Los intereses chinos han detectado esta oportunidad como una rendija abierta para ir tomando posiciones en la Unión Europea. De hecho, en plena crisis de empleo en España, y cuando la mayoría de las comunidades inmigrantes están disminuyendo sus efectivos, la comunidad china en nuestro país sigue aumentando. En 2001 había 2.754 chinos censados en nuestro país y en 2011 había 175.813, lo que supone un crecimiento de más del 500 % en una década. Entre 2010 y 2020 se ha ralentizado este crecimiento, de forma que este año la comunidad china está formada por 202.000 personas.

Por otra parte, durante la crisis que comenzó en 2008 y

terminó en 2015 descendió en torno a un 15 % el número de ecuatorianos; un 10 % el de colombianos y argentinos; un 8 % el de peruanos, y un 7 % el de bolivianos. Las mayores alzas de inmigración fueron de pakistaníes, en torno al 13 %, hasta alcanzar casi los 80.000 inmigrantes, y chinos, que han aumentado hasta los 202.000 inmigrantes censados de que hablamos anteriormente. El número real puede ser considerablemente mayor, aunque difícil de precisar.

No subestimemos cuánto está ayudando la dureza de la crisis en Europa, especialmente en los países bañados por el Mediterráneo, a facilitar las inversiones chinas en algunos países del euro. Desde 2008, cuando empezaron las gangas en la antes inasequible Europa, las inversiones chinas en la Unión Europea se han multiplicado. Grecia, por supuesto, es una de las nuevas bicocas en venta. El asedio, sin embargo, se está haciendo con la discreción y el sigilo tradicionales en la cultura asiática. Poco a poco. Llamando apenas la atención.

El gigante estatal chino Cosco se adjudicó en 2011 […] los derechos de gestión durante 35 años del sector comercial del puerto ateniense del Pireo, todo un símbolo de las raíces atenienses de la cultura europea y ahora también su talón de Aquiles.

Hasta que la crisis aireó los puntos débiles de Europa y de los Estados Unidos, los intereses chinos habían centrado su expansión fuera del continente asiático en África, América Latina y Oriente Medio. Pero desde 2008 ya no hay destinos difíciles para el inversor con dinero. Así, ya en 2009 las compañías chinas realizaron en el extranjero trescientas operaciones de fusión y compra de empresas que ascendieron a 47.000 millones de dólares. Seis veces más que en el año 2005, en el que las autoridades de Pekín animaron abiertamente a sus empresas a conquistar el mundo. Durante la década 2010-2020 las autoridades chinas han controlado de forma mucho más rigurosa las inversiones en el extranjero y han obligado a que estas garantizaran una adecuada rentabilidad. Esta es la razón, por ejemplo, por la que el grupo chino Wanda vendió su participación en el Atlético de Madrid.[17]

El gigante estatal chino Cosco se adjudicó en 2011, previo pago de 3.400 millones de euros, los derechos de gestión durante 35 años del sector comercial del puerto ateniense del Pireo, todo un símbolo de las raíces atenienses de la cultura europea y ahora también su talón de Aquiles.

El Pireo no es el único símbolo europeo que ha caído en manos chinas recientemente. Tenemos otro ejemplo paradigmático de la entrada de capitales chinos en empresas europeas en las dos joyas de la corona de la industria sueca, las automovilísticas Volvo y Saab.[18] Es toda una metáfo-

17. Isidre Ambrós, «El complejo asalto de China a Europa», *La Vanguardia*, 15 de enero de 2012.
18. David Jolly, «Saab Sputters On, Saved by two Chinese Automakers», *The New York Times*, 28 de octubre de 2012.

ra del testigo que el imperio estadounidense está cediendo al nuevo emperador económico chino. Ambas pertenecían a compañías del imperio en declive, los Estados Unidos. Ahora sus dueños son chinos. De momento, lo cierto es que estas inversiones han salvado del cierre y el desempleo a los miles de trabajadores que dependían de estas dos fábricas de coches escandinavas. Sin embargo, el temor a que los nuevos chinos se apropien de la tecnología y muden las factorías a Asia sigue vigente. Entretanto, China ha entrado por la puerta grande a un nuevo segmento industrial estratégico en Europa, los coches de alta gama.[19] Pero lo que disparó las alarmas en Alemania fue la adquisición en 2016 de la fábrica de robots Kuka por parte del consorcio chino Midea, pues Kuka es una de las joyas de la corona de la tecnología alemana.

Con los 3.500 billones de dólares que acumula China en divisas puede comprar lo que quiera. Y, como hemos visto, ya lo está haciendo. Al menos donde le dejan. Los Estados Unidos pusieron cortapisas a que China comprara una empresa eléctrica e impidieron su venta a los chinos por considerarla estratégica. En Europa no hemos controlado nada de eso y así es como China ha podido hacerse, a través de la sociedad State Grid, con el 25 % del capital de las Redes Energéticas Nacionales lusas (REN) por 387 millones de euros, que ahora está no en manos de una empresa privada

---

19. Fernando Gualdoni, «China resucita los iconos europeos», *El País*, 4 de diciembre de 2011.

cualquiera, no, sino del Partido Comunista Chino. Oman Oil Company, del sultanato de Omán, ha comprado otro 15 % de REN al Gobierno portugués por 205 millones de euros, que pasa de tener el 51,1 % de las acciones de la eléctrica a quedarse solo con el 11,1 % de su capital. Pero, como vimos anteriormente, los objetivos de los inversores chinos son muy distintos de los árabes. Podemos predecir que pocos ingenieros árabes desembarcarán próximamente en el país vecino, pero sí lo harán muchos ingenieros chinos.

No es la única empresa estratégica de Portugal que ha pasado a manos chinas. El rescate financiero a este país como consecuencia de la crisis de 2008, por el que la Unión Europea y el Fondo Monetario Internacional (FMI) le concedieron 78.000 millones de euros, forzó las privatizaciones para reflotar las maltrechas arcas públicas. En diciembre de 2011, otra empresa estatal china, Three Gorges, la mayor hidroeléctrica del mundo, compró por 2.693 millones de euros la participación del Gobierno luso del 21,35 % en la mayor eléctrica del país, EDP (Energias de Portugal), que opera, además, en España, Brasil y los Estados Unidos. Las autoridades portuguesas alegaron entonces que esta inversión china atraería posteriores inversiones chinas de 8.000 millones de euros a Portugal. No ha quedado claro todavía a cambio de qué, pero sí que está fuera de toda duda que el plan del Partido Comunista Chino de fortalecer su tentáculo industrial en Europa ha encontrado una puerta abierta en el Atlántico.

No olvidemos que, al convertirse esta empresa estatal china en el primer accionista de Energias de Portugal (EDP), pasa también a poseer el 100 % del capital de la asturiana Hidrocantábrico (HC Energía). Así que mientras Europa se cruzaba de brazos China irrumpió también en el panorama energético español, ya que además de controlar Hidrocantábrico se hizo con los activos que Gas Natural vendió a los portugueses por 300 millones de euros. Esta *pica en Flandes* les permitirá a medio plazo un tremendo poder de negociación en Europa. No parece que a la Unión Europea le inquiete de momento la situación. Los chinos lo están haciendo tan discretamente, tan bien, que ni siquiera los medios de comunicación han dado especial cobertura a las implicaciones geopolíticas que esto pueda tener.

En realidad, la lista de la compra del gigante asiático en Europa es larga y las operaciones no han hecho más que empezar. Hay muchas empresas españolas que están en el punto de mira de China. Según el diario *Expansión*, China Investment Corporation (CIC), uno de los mayores fondos soberanos del mundo, tiene la vista puesta en España, con especial interés en el estratégico sector energético. El fondo estatal chino, que cuenta para sus inversiones con una suculenta hucha de 280.000 millones de euros, tiene en su punto de mira nada menos que a Repsol, Red Eléctrica, Enagás y también el Canal de Isabel II.[20]

Por otra parte, no es demasiado aventurado predecir el posible interés de China en la empresa italiana Enel, con-

---

20. Miguel Ángel Patiño, «Las empresas españolas que están en el punto de mira de China», *Expansión*, 2 de abril de 2012.

trolada por el Gobierno de Italia y que a su vez controla la empresa española Endesa. ¿Sorprendería a alguien que uno de los licitantes de la que fue la joya de la corona de las empresas públicas españolas fuera la empresa china Three Gorges? Si esta empresa se quedara con la parte privatizada de Enel, a través de Enel controlaría también Endesa, con lo que completaría su posicionamiento estratégico en el sector eléctrico europeo y español.

Los enormes polígonos industriales de Cobo Calleja en Madrid y el complejo logístico de Zaragoza son otro ejemplo del impresionante despliegue comercial que China está desarrollando en España para abastecer el propio mercado español, del que controla en ciudades como Madrid casi el 40 % del comercio minorista, así como en su expansión comercial hacia otros países europeos.

Cuesta creer que esto sea un movimiento espontáneo. Las necesidades de financiación que requiere la enorme cantidad de pequeños locales chinos que proliferan por las calles españolas y europeas más caras y comerciales de nuestro continente y del mundo hacen dudar que así sea. Es posible que la mayor parte de los locales que los chinos van abriendo en España sean, como ellos dicen, sobre la base de préstamos personales entre familias y amigos. Pero no debemos obviar la realidad de que el Ministerio del Interior y la Interpol calculan que el número de delincuentes de las mafias chinas que operan en España se ha incrementado un 150 % en los últimos cinco años, hasta situarse en una cifra entre los mil y los dos mil miembros. La *tríada*, que es como se denominan las mafias chinas, con más presencia en España es la Sap Sze Wui, que cuenta con unos 50.000 miembros en todo el mundo. La «14 quilates» está dirigida desde la cárcel por Xie Caiping, detenida en China a finales de 2009, de acuerdo con la información publicada por el diario digital *El Imparcial*.[21] Esta información calcula que hay cerca de cuarenta millones de euros anuales en beneficios que viajan cada año de España a China a través de mulas que llevan el dinero en persona, mediante transferencias bancarias no superiores a 20.000 euros y gracias a préstamos falsos a compatriotas. No son conflictivos sino herméticos y sus delitos se limitan a su propia comunidad.

El poderío chino en la distribución mundial tiene como ejemplo la cadena de ropa Mulaya, a la que llaman ya la «Zara china» y que se va instalando poco a poco, pero con paso firme, en las mejores calles del mundo.

Este impresionante despliegue comercial va acompañado por la opción legal tradicional de financiación de las empresas chinas: su propia banca, de propiedad estatal y, por lo tanto, controlada por el Partido Comunista Chino. En efecto, ya se ha establecido en España el CNBC chino, que canaliza los ahorros de los chinos en el extranjero para enviárselo a sus familias. El banco se guarda los euros y dólares y transfiere los yuanes, por lo que las reservas de divisas del Gobierno chino siguen incrementándose continuamente, ya

---

21. «Aumentan en España las triadas chinas, pequeños ejércitos al servicio del crimen», *El Imparcial*, 30 de agosto de 2011.

que, como hemos dicho anteriormente, todo el sistema financiero chino está controlado por el Estado.

¿Por qué nos resistimos a darnos cuenta de lo que significa este impresionante poder tecnológico y estratégico que está alcanzando China? Seamos claros. Un gran número de las empresas estratégicas más importantes del mundo, de aquí a diez años, pueden estar en manos chinas. Tienen la financiación y el poder de negociación para comprarlas. Y la crisis del coronavirus, con el hundimiento de las bolsas mundiales, le ha proporcionado una oportunidad de oro para celebrar el proceso. Y China no es un país convencional. Estar en manos de empresas chinas a través de sus fondos de inversión estatales significa estar en manos del Partido Comunista Chino. ¡Que no se nos olvide!

El poderío chino en la distribución mundial tiene como ejemplo la cadena de ropa Mulaya, a la que llaman ya la «Zara china» y que se va instalando poco a poco, pero con paso firme, en las mejores calles del mundo.

Si no se les pone coto, ya se está viendo lo que está sucediendo en África. Allí las empresas chinas solo utilizan a trabajadores chinos y no hay la menor preocupación por el respeto a los derechos humanos ni al ecosistema. Si no se reacciona, las empresas en manos chinas en Occidente se llenarán de ingenieros chinos que ocuparán las posiciones tecnológicamente estratégicas y los puestos directivos. Ingenieros españoles que trabajan en la multinacional tecnológica china Huawei me confirman que, aunque hay occidentales trabajando ahí, es para ellos muy complicado ascender llegado a cierto nivel, porque en la cúpula directiva solo hay chinos.

Sin embargo, no siempre los intereses chinos se salen con la suya. Sirva como muestra lo que pasó en Polonia con el proyecto de la construcción de una nueva autopista de Varsovia a Berlín. En el marco de las infraestructuras previstas al albor de la Eurocopa 2012, hubo una licitación y ganó una empresa china que presentó unos precios que rebajaban a la mitad el presupuesto previsto. El problema fue que pretendían aplicar en Europa el mismo patrón al que están acostumbrados en África. Las empresas chinas se pueden permitir obtener beneficios con estos precios siempre que les dejen jugar con sus propias reglas: mano de obra china en condiciones muy duras, en ocasiones hasta con obreros e ingenieros durmiendo a pie de obra.

Así que el proyecto en Polonia de COVEC (China Overseas Engineering Group), un gran conglomerado estatal que factura anualmente 25.000 millones de dólares (es ya, de hecho, la tercera empresa del mundo del sector de la construcción y las obras públicas), ganó el concurso público, pero, al poco tiempo, los números no cuadraban y los problemas se hicieron evidentes.[22] Ni los subcontratistas europeos querían ni podían rebajar los salarios ni los materiales como

22. Isidre Ambrós, «El complejo asalto de China a Europa», *La Vanguardia*, 15 de enero de 2012.

los chinos esperaban ni las leyes comunitarias les permitían importar los obreros ni la maquinaria correspondiente sin papeles que lo pusieran todo en regla. Así que, después de haber ganado la licitación al proyecto, la empresa china tuvo que renunciar.

Europa tiene sus reglas del juego, y cuando las hace valer marca la diferencia. El problema es que China va adquiriendo cada vez más poder de negociación y no siempre la Unión Europea mantiene el poder de negociación que necesita para hacerlas valer. Este caso, sin embargo, era demasiado flagrante debido al menosprecio a los derechos de los trabajadores como para pasarlo por alto.

Con el dinero, el poder chino compra las acciones en empresas occidentales, trae a sus trabajadores para que trabajen en ellas, aprenden la tecnología para luego replicarla y ganan con el control de elementos estratégicos más capacidad de negociación política, que redunda en futuras oportunidades de nuevas compras.

Habrá quien pueda pensar que, igual que ahora están desembarcando en Europa multinacionales chinas acompañadas de un mayor poder financiero de este país, en el siglo XX hemos presenciado una conquista similar de manos de intereses norteamericanos y tampoco ha pasado nada grave. ¿Qué es diferente ahora? La diferencia con respecto

a las décadas de supremacía de las multinacionales norteamericanas en el mundo no solo radica en que estas sí
que son empresas privadas que compiten libremente en
un mercado, y no están controladas por un gobierno to-
talitario como el del Partido Comunista Chino, sino que,
además, McDonald's o General Motors crean en España
trabajo para españoles. Pero las empresas chinas, ya sean
tiendas de ropa en Madrid o multinacionales tecnológicas que compiten con las empresas de Silicon Valley, crean
empleo para los chinos que venden, para los chinos que las
gestionan y para los chinos que fabrican los productos en
China que luego exportan al mundo a través de sus cerradas
redes endogámicas.

Tampoco el avance chino es similar al que conocemos de
las élites de países árabes.

Sus objetivos se diferencian de los inversores árabes del
petróleo, cuyos fondos soberanos y sus inversiones privadas
se orientan, casi exclusivamente, a la búsqueda de rentabilidad financiera sin implicarse en la gestión, sin ocupar
los puestos directivos de las empresas cuyas participaciones
compran y sin desembarcar a grupos de ingenieros y tecnó-
logos dispuestos a absorber y transferir a su país (como hace
China) la tecnología de las empresas compradas. Los árabes
de los petrodólares invierten su dinero fuera, pero no buscan nada más que hacer que el dinero genere dinero. Tienen
poder accionarial en las compañías occidentales, sí, pero no
interfieren apenas en ellas.

Ambas culturas, la china y la árabe, son muy diferentes.

Los árabes siempre se han limitado a hacer inversión especulativa: compran acciones y ahí lo dejan. Quieren que el dinero crezca solo. Pero los chinos no. A ellos les gusta trabajar. No son una sociedad epicúrea y hedonista como la mediterránea, sino estoica y ascética y enormemente trabajadora, es decir, confuciana. La cultura china, a diferencia del *carpe diem* latino, no concibe la vida sin esfuerzo. Con el dinero, el poder chino compra las acciones en empresas occidentales, trae a sus trabajadores para que trabajen en ellas, aprenden la tecnología para luego replicarla y ganan con el control de elementos estratégicos más capacidad de negociación política, que redunda en futuras oportunidades de nuevas compras.

Primero es el liderazgo comercial, luego lo transforma en liderazgo industrial, después establece su liderazgo financiero y, una vez conseguidos estos tres objetivos, se lanza a por el cuarto: la supremacía tecnológica. Son las cuatro poderosísimas patas del Dragón Rojo.

Como ejemplo, su búsqueda de liderazgo en el sector aeroespacial. La carrera espacial china que hemos comentado en capítulos anteriores está pasando prácticamente desapercibida en los medios informativos occidentales. Es el último desembarco, el espacial. El hecho de que los chinos hayan decidido tener una estación espacial propia, al margen de la Estación Espacial Internacional en la que participan los Estados Unidos, Europa y Rusia, tiene una trascendencia histórica impresionante. Mientras el resto del mundo cancela sus programas espaciales por falta de presupuesto, China tiene claro que tendrá una estación espacial tripulada permanente de sesenta toneladas en los primeros años de la década que comienza ahora, en 2020. Los científicos chinos han hablado, además, de la posibilidad de enviar un hombre a la Luna al final de esta década y, para conmemorar el centenario de la creación del Partido Comunista Chino en 2021, China planea enviar una nave de exploración a la superficie de Marte.

A la noticia enormemente relevante del envío al espacio del primer módulo de una estación espacial china los telediarios de septiembre de 2011 apenas le dedicaron un tratamiento anecdótico.

12.
El dragón se come la manzana
Las multinacionales en China: de cómplices a rehenes

«Ninguna fortaleza es tan inexpugnable que no pueda entrar en ella un mulo cargado de oro.»

ALEJANDRO MAGNO

China está aprovechando muy bien las debilidades de Occidente. Por un lado, tiene a los Estados Unidos cogidos por el dólar y, por otro, tiene a Europa suplicando que le compre deuda pública. Pero China no quiere comprar más deuda pública, lo hace de modo aislado y por interés estratégico, lo que realmente quiere son inversiones industriales. ¿Esto qué quiere decir? Pues es lo que hemos visto que ha hecho con la eléctrica de Portugal y con el resto de planes de su extensa lista de la compra. Esto es solo un ejemplo de la que se avecina.

Su nueva prioridad, no queda sombra de duda, es comprar poder industrial en Occidente, y está moviendo simultáneamente muchos hilos, discreta y sigilosamente, como siempre, para atar bien el plan. En febrero de 2012 se inauguraba en Bahovista (Bulgaria) la primera fábrica de automóviles chinos en la Unión Europea. La firma china Great Wall Motors es aún una desconocida. Pero ya la iremos conociendo poco a poco, porque su apertura en Bulgaria no es más que una lanzadera para su próxima expansión en el mercado europeo. De momento tiene previsto ensamblar dos mil vehículos al año para llegar gradualmente a cien mil en 2020. Los dos primeros coches serán el utilitario Voleex C10 y la furgoneta Steed 5. Es decir, no solo hay fábricas europeas en manos chinas como resultado de oportunidades de inversión, como veíamos con Saab. Se ha dado la vuelta a la tortilla de la globalización y ahora hay coches chinos *made in Europe*.[23]

No es casualidad que para esta primera factoría de Great Wall en Europa, fruto de un acuerdo para crear una empresa de riesgo compartido entre la compañía china y un consorcio búlgaro, China haya elegido a un país excomunista como Bulgaria. Para el acuerdo, el entonces vicepresidente chino, Xi Jinping, se desplazó hasta Sofía para firmar personalmente el acuerdo de colaboración entre ambos países con el primer ministro búlgaro, Boiko Borísov.

Veamos cómo se han vuelto las tornas y del *made in China* de empresas occidentales estamos llegando al *made in*

23. «Primera fábrica de la china Great Wall en Europa», *El Mundo*, 22 de febrero de 2012.

Europe de empresas chinas. Digamos que Volkswagen enseñó a China a hacer automóviles al ubicar allí sus fábricas, formar a trabajadores chinos y contratar a ingenieros locales que luego se iban a empresas estatales chinas a trabajar llevando en la mochila una gran cantidad de conocimientos nuevos adquiridos. Unos pocos años después, tenemos a China con tecnología, digamos, inspirada en aquellas, con la que abre su propia fábrica en Bulgaria y se convierte en competencia directa de Volkswagen en su terreno porque la empresa china de turno ya no se conforma con venderles coches a los chinos. Ahora quiere también vender sus productos al resto del mundo y ya sabe cómo hacerlo.

[...] no solo hay fábricas europeas en manos chinas como resultado de oportunidades de inversión, como veíamos con Saab. Se ha dado la vuelta a la tortilla de la globalización y ahora hay coches chinos *made in Europe*.

Así que la entrada en Europa de multinacionales chinas es el último de los eslabones de una estudiada cadena que empezó hace algo más de una década, cuando las empresas occidentales comenzaron a deslocalizarse masivamente a China para producir allí, porque desplazar su fuerza industrial al país asiático les ahorraba grandes costes. Sabían que corrían riesgos con ello, pero las ganancias eran demasiado suculentas como para dejarlas escapar. ¿Qué podía pasar? Que los chinos les copiaran la tecnología e hicieran copias baratas de sus productos para vender al mercado chino. Bueno, era un riesgo que las multinacionales occidentales estaban dispuestas a asumir. Posiblemente pasaron por alto, sin embargo, otro riesgo mayor que corrían al subirse tan alegremente al carro de la globalización sin cubrirse las espaldas. Que las nuevas y fortalecidas empresas chinas crecieran lo suficiente como para querer jugar el partido compitiendo fuera de sus fronteras.

Actualmente, más de cuatrocientas empresas de las quinientas mayores del mundo de la lista de la revista *Forbes* están produciendo en China. Estas empresas están transfiriendo, a su vez, sus avances en I+D a territorio chino, porque es una de las condiciones que les ponen para establecerse allí. De momento no consideran competencia a las empresas chinas que las imitan porque hasta ahora se estaban limitando al mercado chino. Pero en la próxima década esas empresas van a ir extendiéndose, como una mancha, a todos los sectores. Habría que ver cuántas de esas empresas occidentales que han estado ganando mucho dinero gracias a su deslocalización en China siguen en manos de accionistas occidentales dentro de diez o quince años.

Las multinacionales occidentales entraron en China atraídas por la mano de obra barata a cambio de correr el riesgo de ceder su tecnología, que era una de las condiciones que les ponían para asentarse allí, pero pensaron que los chinos solo serían competencia en el mercado interior chino y entonces no era problema porque el pastelito de arroz era suficientemente grande para darles de comer a todos. El problema llega cuando el dragón despierta y sale de sus fronteras. Han dado un nuevo paso, dispuestos a conquistar el mercado mundial. En los próximos años, las multinacionales occidentales van a tener que enfrentarse a un nuevo tipo de competencia, desconocida hasta ahora.

¿Podría desaparecer Zara con la competencia de Mulaya, su imitadora china? Aún parece imposible de imaginar. Pero, mientras, lo cierto es que el mundo está empezando a llenarse silenciosa y discretamente de tiendas de la cadena Mulaya, que según muchos expertos copia desde los diseños al escaparatismo de Zara. También hace tan solo diez años sonaba como un imposible el pronóstico de que China no iba a tardar en desbancar a los Estados Unidos como primera economía del mundo y ahora es algo que se da por hecho que no tardaremos en ver.

Lo que está claro a estas alturas es que los chinos ya no se conforman con atacar su mercado interior, sino que sus empresas se están organizando para tener empresas chinas en Europa que compiten con las multinacionales occidentales punteras que conocen muy bien, porque son ellas las que les han cedido la tecnología. Paralelamente, las multinacionales occidentales son en cierto modo rehenes de China porque dependen cada vez más de su desempeño en el mercado chino para que les salgan las cuentas. No solo porque fabrican allí, algo que puede ser coyuntural (de hecho, algunas empresas, como Zara, ya están trasladando sus fábricas a otros países asiáticos como Vietnam y Camboya, que ofrecen costes más baratos que los del mercado chino), sino porque los cientos de millones de consumidores chinos cuyo poder adquisitivo va en aumento son un filón importante.

Así que las multinacionales estadounidenses y del resto del mundo son cómplices de lo que está ocurriendo en China. Cuando transigen en el trato inhumano de los trabajadores de sus subcontratas o ejercen la autocensura en sus servicios en Internet como hacen algunos buscadores o servicios de redes sociales para que el imperio chino les permita asentarse allí, están entrando en el juego de las cartas marcadas chinas. Claro que el pecado lleva también la penitencia.

Apple, rehén de China

Lo que le ha pasado al gigante tecnológico Apple, la empresa más admirada del mundo según la revista *Fortune* y también la más valiosa en bolsa desde 2011, es un buen ejemplo de la manzana envenenada que conllevan los beneficios de asentarse en China para la fabricación de los productos. Y es que entrar a jugar con las cartas marcadas que exige el gigante asiático ya hemos visto que tiene muchos peligros. Un día las trampas se hacen a su favor, pero al día siguiente pueden ponerse en contra.

Veamos lo que pasó: las autoridades chinas comenzaron en febrero de 2012 a retirar los iPad de Apple en todo el país, que estaban siendo, por cierto, un éxito de ventas en el mercado chino, donde la marca cuenta con un importante fenómeno fan.[24] El hecho insólito se debía a la nueva prohibición de vender la tableta más famosa del mundo en China, un mercado cada vez más suculento para los intereses de la firma fundada por el ya fallecido Steve Jobs, que es, además, donde la marca fabrica el 90% de sus productos. ¿Por qué China prohíbe de repente la venta del iPad? Porque los tribunales chinos dieron la razón a una desconocida y hasta entonces insignificante firma taiwanesa como dueña de la marca comercial iPad en el país (que dice haberla patentado en el año 2000).

Se trataba de una desconocida empresa taiwanesa en quiebra que adeudaba casi 500 millones de dólares y que reclamó a Apple 1.200 millones de euros a cambio de permitirle vender el iPad en China, donde supuestamente era dueña de la marca comercial. Como el tribunal chino dio la razón a la pequeña firma taiwanesa, los iPad empezaron a ser requisados de las tiendas de todo el país hasta que se aclarara la disputa.[25]

Curiosamente, estos hechos coinciden en el tiempo con el anuncio de que Apple solicitaba la inspección de las fábricas que manufacturan sus productos en China a raíz del escándalo en la opinión pública mundial que habían desatado las revelaciones del *New York Times* sobre las malas condiciones laborales de los trabajadores de la fábrica china Foxconn,

24. «Retiran iPads en China por un problema de marcas comerciales», *BBC Mundo*, 14 de febrero de 2012.
25. Zigor Aldama, «Una china en el zapato de Apple», *El País*, 16 de abril de 2012.

encargada de fabricarlos. ¿Es casualidad que los tribunales chinos se planteen la posibilidad de fallar contra Apple justo cuando la empresa norteamericana anuncia que manda a China unos inspectores para asegurarse de que sus proveedores cumplan unas condiciones mínimas de dignidad? ¿O ha tomado el Gobierno chino represalias por querer apretarles las tuercas en temas de derechos humanos? Ya decía Lao-Tse, el célebre filósofo de la sabiduría ancestral china, que las casualidades no existen.

Este pulso de las autoridades chinas a Apple, que se resolvió con importantes cesiones de Apple, muestra cómo las amenazas del régimen chino pueden llegar a las empresas más poderosas del mundo para dejar claro quién manda aquí.

Por un lado, las multinacionales son cómplices de China y, por otro, China las convierte hábilmente en sus rehenes. Entre sus cartas marcadas cuenta con el control de la justicia china, que obviamente no es independiente, sino que está al servicio del Partido Comunista Chino, ya que allí no hay separación de poderes. Así que, igual que los países, las empresas también son vulnerables ante el gigante chino mientras no se le obligue, uniendo fuerzas, a dejar de hacer trampas en el tablero mundial del comercio.

Viendo cómo China actúa jugando arbitrariamente para defender sus intereses frente a las poderosas multinacionales occidentales ubicadas en China, podemos imaginar a qué situación de vulnerabilidad se enfrentan las pequeñas y medianas empresas que tratan de abrirse paso allí. Es cierto que muchas están haciendo mucho dinero en su aventura internacional, pero son doblemente dependientes de China. Por una parte, porque su cuenta de resultados ahora la necesita y, por otra, porque están sometidas a la arbitrariedad de su sistema.

Tal es el caso de un pequeño empresario español que vino a la Universidad Politécnica de Madrid a contar su experiencia en China. Ingeniero automático de nuestra universidad, se había ido a los veinticinco años a trabajar a una empresa de componentes electrónicos taiwanesa ubicada en China. Pasados tres años, llegó al puesto de director de producción. En ese momento las autoridades chinas, que consideran a las empresas de Taiwán como empresas extranjeras, aumentaron drásticamente la presión fiscal sobre dichas empresas. Este aumento de la presión fiscal acabó trasladándose a los propios trabajadores chinos de la empresa taiwanesa, se trató que incrementaran su productividad y se empeoraron sensiblemente sus condiciones laborales. El ingeniero español, como director de producción, no pudo soportar la presión del trato injusto que se daba a los trabajadores y decidió salir de la empresa para crear la suya propia.

Lo hizo. Era una pequeña empresa también de componentes electrónicos con una plantilla que incorporaba a cinco ingenieros chinos. A los dos años, dos de los ingenieros chinos, cuando entendieron que ya habían aprendido todo lo que tenían que aprender de la pequeña empresa dirigida por el empresario español, compraron una nave enfrente de su anterior empresa y comenzaron a fabricar el mismo tipo de componentes electrónicos.

La diferencia estribaba en que, mientras que la empresa del empresario español tenía que pagar elevados impuestos, la empresa de los empresarios chinos estaba subvencionada. El empresario español tuvo que cerrar y volver a España arruinado.

Es simplemente un ejemplo que ilustra cómo se está produciendo masivamente la transferencia de tecnología de Occidente a Oriente a través de empresarios y de prácticas empresariales sin escrúpulos.

13.
La burbuja china que estuvo
a punto de estallar

«Los especuladores podrían no resultar perjudiciales si fueran como burbujas dentro de una corriente empresarial estable; lo grave se produce cuando es la empresa la que se convierte en una burbuja en medio del desorden especulativo.»

JOHN MAYNARD KEYNES

Algunos analistas apuntaban los peligros que para la propia economía china pudiera tener su vertiginoso ascenso. Les costaba creer que fuera a hacerse con la supremacía económica mundial en poco más de una década y alertaban de que el rápido ascenso de su PIB era fruto, en realidad, de una desbocada burbuja inmobiliaria que podía hacer que el tiro del crecimiento le saliera por la culata.

«La burbuja de crédito en China hace que la de los Estados Unidos sea para aficionados»,[26] afirmaba a principios

---

26. José Luis de Haro, «La burbuja de crédito en China hace que la de los EE.UU. sea para aficionados», *El Economista*, 26 de enero de 2012.

de 2012 el prestigioso analista Richard Bernstein, conseje-
ro delegado de Richard Bernstein Advisors, para tratar de
convencer a los inversores de Wall Street de que China es
una falsa gallina de los huevos de oro. El premio Nobel Paul
Krugman también alertó de que el crecimiento chino «se ha
basado en un fuerte auge de la construcción, impulsado por
una escalada de los precios inmobiliarios, y muestra todos
los signos clásicos de una burbuja».[27]

Efectivamente, no faltaron economistas prestigiosos que
auguraban para China lo que le pasó a Japón a finales de los
años 80, es decir, que el país acabaría sumido en una larga y
profunda crisis por no haber sabido digerir un éxito demasiado repentino para ser verdad. En este enfoque hay un ol-
vido flagrante. No me canso de decirlo. Y es que no se puede
analizar el caso chino desde un prisma occidental.

Los parámetros occidentales no sirven para analizar el
funcionamiento de la economía china porque, al ser un
sistema totalmente intervenido, tiene muchos más resor-
tes para tratar de controlar la burbuja o preparar un aterrizaje atemperado. Es verdad que en varias ciudades chinas
se está viviendo un *boom* inmobiliario), pero el Gobierno
tiene allí todo el poder para controlar su desarrollo: puede
fijar precios como mejor le convenga, puede cambiar leyes
de propiedades, etcétera. Es decir, puede bajar los precios
si ve peligro, puede montar un plan de alojamiento forzoso
de zonas rurales para darle salida al *stock*... Lo que quiera.

27. Paul Krugman, «¿Estallará China?», *El País*, 24 de diciembre de 2011.

En casa, China no juega con cinco cartas marcadas, sino con toda la baraja.

Allí el mercado solo existe de puertas para fuera, pero de puertas para dentro funciona *manu militari*. Por eso los esquemas tradicionales de análisis de mercado no se pueden aplicar para deducir qué pasará luego o si la burbuja estuvo a punto de estallar, porque el modelo chino es único. Allí no dejan el destino de la economía al arbitrio de una mano invisible como queremos pensar que hacemos en Occidente. Si el Partido Comunista Chino no quieren que exploten las burbujas, las burbujas no estallarán.

Aunque haya ido creciendo la presencia de empresas occidentales en China, tampoco ellas han llevado allí la mano invisible, porque, a cambio de instalarse, como hemos visto, han tenido que aceptar las reglas locales, incluidas las cartas marcadas. O aceptan el juego impuesto por China o desaparecen.

Pero ¿podría surgir el cambio desde dentro? ¿Podría darse una primavera árabe a la china que forzara al régimen comunista a ampliar el marco de libertades que desestabilizara el régimen asiático? El control social es tan enorme que es difícil de creer que pueda suceder algo así. Mientras la economía vaya bien, no habrá revueltas sociales porque una prosperidad adormece las necesidades de otras. En Oriente Medio fue en gran parte la pobreza lo que sacó a la gente a las calles. La propaganda china, además, está funcionando muy bien y gran parte de su pueblo se enorgullece de la prosperidad económica a la que han llegado.

Lejos de ser una aspiración, la democracia es, al menos para cierta élite china, una curiosidad occidental que observa como quien contempla el vuelo de los cormoranes en un documental de La 2. «Es la primera vez en mi vida que veo una manifestación», decía al diario *El País* una joven ingeniera china afincada en África durante su visita a Barcelona con motivo de la convención tecnológica Mobile World Congress. Las tapas, Gaudí y las manifestaciones eran las tres cosas que más habían sorprendido a Inacia You, esta ejecutiva china de veintitrés años que trabajaba en Luanda para la multinacional telefónica ZTE. You, que había vivido entre China y África, nunca había visto una manifestación ni un movimiento de protesta social de ningún tipo como el que aquellos días protagonizaban los estudiantes de la Ciudad Condal en protesta por los recortes del Gobierno catalán en educación.

> ¿Barcelona se parece a Pekín? Ella cree que sí. «Quizá la visión que se tiene aquí de China es de una dictadura muy dura, con unas reglas muy estrictas; pero en el día a día, la vida cotidiana no es tan complicada». Para ella, «las diferencias son visuales: la arquitectura, el tamaño de ambas ciudades...».[28]

Las manifestaciones, como las tapas, eran para la joven You una curiosidad turística.

En China, las protestas sociales no existen en la calle, pero tampoco en la red. El gigante asiático tiene la mayor comu-

28. Maria Trullàs, «Inacia You pisa Europa», *El País*, 1 de marzo de 2012.

nidad de internautas del mundo: 900 millones de personas. Pese a los fuertes controles de contenidos, los ciudadanos están confiando cada vez más en las redes sociales para informarse. Eso sí, el Gobierno también está ampliando su control.

La policía cibernética está actuando rápidamente para controlar los movimientos que puedan estar latentes en Internet. Los 700 millones de chinos que se calcula que están metidos en redes sociales están siendo observados y el Gobierno tiene un avanzado control de cómo piensan, cómo se organizan para así poder anticiparse a sus movimientos. Saben qué fotos comparten, lo que escriben, con quién se relacionan sus blogueros y tuiteros.

El gigante asiático tiene la mayor comunidad de internautas del mundo: 900 millones de personas. Pese a los fuertes controles de contenidos, los ciudadanos están confiando cada vez más en las redes sociales para informarse. Eso sí, el Gobierno también está ampliando su control.

A mediados de marzo de 2012 circularon por la red numerosas webs en chino con rumores de que se habían escuchado disparos en Tiananmén y en Zhongnanhai (residencia de los líderes comunistas y sede del Ejecutivo), y algunas de esas fuentes anónimas en Internet decían que habían visto la entrada de vehículos militares en Pekín. Ante el creciente (y falso) rumor de que en China estaba teniendo lugar un golpe de Estado, las dos principales redes de microblog de China (Sina Weibo y Tencent) se clausuraron durante varios días. Estas compañías avisaban a los usuarios de que estaba prohibido su uso, pero no por censura, claro, sino porque se estaba llevando a cabo una «operación de limpieza de rumores». Según informó la Agencia EFE, el mes de marzo se saldó con la detención de un millar de personas.

Que la situación no transcurría por aguas completamente tranquilas lo ilustra el caso Bo Xilai. Este destacado dirigente político chino, miembro del politburó del Partido Comunista y jefe destacado del Partido Comunista Chino en Chongqing, es hijo de Bo Yibo, uno de los llamados Ocho Venerables que fundaron con Mao Zedong el Partido Comunista Chino y que participaron en la larga marcha que llevó a Mao al poder en 1949. Bo Yibo murió en el año 2007 y ahora era su hijo el que estaba haciendo carrera política.

Bo Xilai estaba a punto de entrar, en el Congreso del Partido Comunista Chino que se celebró a finales de 2012, en el Comité Permanente del Politburó, formado por nueve miembros que realmente dirigen el país. Bo Xilai representaría en el Comité Permanente el ala izquierdista del partido, que trataba de recuperar algunas de las esencias del antiguo régimen maoísta y que denunciaba las enormes desigualdades y la proliferación de la corrupción que se estaban produciendo con el actual modelo de desarrollo económico chino. De hecho, emprendió en Chongqing una extensa campaña contra la corrupción en la que ejecutó a mafiosos y funcionarios y que culminó, el 14 de abril de 2010, ejecutando al exjefe de la policía de Chongqing, que había utilizado su cargo para enriquecerse con las mafias del juego, la prostitución y el tráfico de drogas.

Todo cambió a principios de 2012, cuando el jefe de los cuerpos de seguridad, vicealcalde de Chongqing y mano derecha de Bo Xilai, llamado Wang Lijun, se refugió en el consulado de los Estados Unidos y aportó documentos que vinculaban a la esposa de Bo Xilai con la muerte del hombre de negocios británico Neil Heywood.

A partir de ese momento, Wang salió del Consulado de los Estados Unidos, se entregó a las autoridades chinas y estas destituyeron a Bo Xilai de todos sus cargos y lo arrestaron, al igual que a varios miembros de su familia. Según los seguidores de Bo Xilai, lo que había ocurrido era una purga política derivada de la lucha soterrada que enfrentaba a los políticos defensores del comunismo de mercado, como el actual presidente Xi Jinping, con el ala izquierda del partido, que denunciaba las desigualdades sociales y la corrupción generalizada a las que estaba conduciendo, según ellos, el actual modelo chino.

Las acusaciones contra la esposa de Bo Xilai hablaban de desde relaciones sexuales del empresario británico con algunos miembros de la familia de Bo hasta de disputas económicas y de la amenaza del empresario asesinado de destapar evasión de capitales por parte de Bo Xilai. Para colmo de males, en esos mismos días de abril, su hijo de veinticuatro años, Bo Guagua, estudiante en la Harvard Kennedy

School, desapareció en misteriosas circunstancias en los alrededores de la universidad.[29]

> **El propio Banco Central de China publicó un informe en el que se indicaba que entre el año 1995 y el año 2008 unos 18.000 funcionarios corruptos escaparon al extranjero con un botín de 100.000 millones de euros.**

Precisamente uno de los objetivos fundamentales en el programa político de Xin Jinping era la lucha contra la corrupción lo que le llevó, en el año 2014, a detener al mismísimo sobrino del mítico líder chino Deng Xiaoping."

Las aguas de la sucesión en la presidencia de la República y en el Comité Permanente del Politburó del Partido Comunista Chino bajaban revueltas. La corrupción denunciada por Bo Xilai quedaba perfectamente ejemplificada con la llamada ley del *hongbao*. El *hongbao* es como se denomina el soborno que las empresas occidentales tienen que pagar a los funcionarios corruptos chinos para conseguir sus favores. El propio Banco Central de China publicó un informe en el que se indicaba que entre el año 1995 y el año 2008 unos dieciocho mil funcionarios corruptos escaparon al extranjero con un botín de cien mil millones de euros.

---

29. Yolanda Monge, «En paradero desconocido el hijo de Bo Xilai que estudia en Estados Unidos», *El País*, 16 de abril de 2012.

Respecto de privilegios de la clase política y desigualdades económicas, los hijos de los funcionarios del Partido Comunista han ascendido rápidamente a puestos importantes en industrias estratégicas. Por ejemplo, el hijo del primer ministro chino Wen Jiabao, cuando presidía el país Hu Jintao, fue nombrado presidente del grupo China Satellite Communications. Inmediatamente, las acciones de la empresa subieron casi un 50 %. Por otra parte, según Bloomberg, la fortuna que acumulan los setenta delegados más ricos de la Asamblea Popular Nacional de China suma casi noventa mil millones de dólares. El sueldo medio de un trabajador chino es de 656 dólares al mes (498 euros), mientras que la media mundial se sitúa en los 1.480 dólares mensuales (1.124 euros).

En definitiva, analizar lo que pasa en China con los esquemas de la política occidental y de la economía de mercado no funciona, porque, de la muralla para dentro, el mercado y la política viven bajo un control absoluto. Pueden hacer lo que les dé la gana para controlar sus supuestas burbujas económicas y sus turbulencias políticas. Las reglas las dictan férreamente ellos.

China tiene despejado el camino hacia la hegemonía mundial en la emergente era del coronavirus que comienza en este año 2020, como veremos más adelante.

14.
El decálogo de los intangibles
Qué hacer si eres una empresa o, simplemente, quieres cambiar las cosas

«Cuando se apunta a la Luna,
el tonto se queda mirando al dedo.»

PROVERBIO CHINO

En uno de los *bestsellers* empresariales más vendidos de todos los tiempos, *En busca de la excelencia,* que narra las experiencias de las empresas mejor gestionadas de los Estados Unidos en la década de los 80, se decía que uno de los elementos clave en la gestión de empresas de las siguientes décadas iba a ser la gestión del entorno. Frente al entorno estable y razonablemente predecible que caracterizó buena parte de la segunda mitad del siglo xx, nos encontramos, sobre todo en este comienzo del siglo xxi, ante un contexto crecientemente turbulento y difícilmente predecible.

Esto exige de las empresas un esfuerzo por identificar escenarios alternativos en los que se pueda desarrollar su actividad económica en los próximos años al objeto de, en la medida de lo posible, reducir incertidumbres y adecuar estrategias ante la eclosión de dichos escenarios.

La tecnología y la innovación van a jugar un papel fundamental. Su rapidísima evolución hace crecientemente necesarios para la empresa la utilización de estos instrumentos de previsión de los cambios venideros con el fin de ir anticipando el desarrollo tecnológico que vaya a afectar a los correspondientes productos y procesos. La estrategia no puede ser de oposición al cambio tecnológico, sino de anticipación y adaptación a él, conociendo su inexorabilidad y teniendo en cuenta que dicho cambio se realiza de forma permanente y acelerada en el tiempo.

Contaré para ilustrarlo un ejemplo que viví en mi época de subdirector general del Centro para el Desarrollo Tecnológico Industrial en el Ministerio de Industria a principios de los años 80. España iba a ingresar por entonces en la Unión Europea, el 1 de enero de 1986, y en el proceso de negociación el *lobby* de las multinacionales farmacéuticas europeas exigió un cambio de legislación en España que recogiera la patente de producto, puesto que hasta ese momento solo estaba reconocida la patente de proceso. Esto quería decir que en España se podía patentar el proceso de fabricación de la aspirina, pero no la aspirina, es decir, Bayer no habría podido patentar el principio activo de la aspirina, que es el ácido acetilsalicílico.

Todo el mundo entiende que es mucho más fácil dar la vuelta a una patente de proceso (cambiar de orden unos cuantos tubos de ensayo) que a una patente de producto, con lo que el sector farmacéutico español aplicaba la máxima unamuniana «que inventen ellos», a lo que habría que añadir «que nosotros copiamos». Con ello, los laboratorios farmacéuticos españoles se estaban ahorrando entre los seis y ocho años que exige el lanzamiento de un nuevo medicamento y los ingentes gastos de laboratorios, investigación, ensayos clínicos, etcétera, que conlleva. Pero estaban amparados por la laxa legislación española de la época, que permitía copiar avances ajenos.

La contrapartida a esta estrategia de copia pura y dura de los medicamentos desarrollados por las empresas farmacéuticas europeas fue su absoluta dependencia tecnológica y la ausencia de cultura y tradición investigadora, por lo que, cuando se legalizó la patente de producto en 1992 (los negociadores españoles habían conseguido seis años de carencia para la adaptación de las empresas farmacéuticas españolas), el sector quedó prácticamente arrasado, pues la mayor parte de sus empresas tuvieron que cerrar o venderse a las multinacionales europeas que buscaban no sus capacidades productivas o de investigación, sino, como en otros muchos sectores, su mano de obra barata y cualificada y sus redes de distribución.

Pero China, sin embargo, tomó la copia solo como modelo de partida. No ha caído en la trampa de darle la espalda a la innovación. China es ya la segunda potencia mundial en publicaciones científicas del mundo, solo por detrás de los Estados Unidos, según el estudio *Conocimiento, redes y países: colaboración científica global en el siglo XXI*, publicado por la Royal Society británica. El estudio toma en consideración el número de publicaciones científicas de cada país y el número de citas de esos trabajos por otros investigadores (un parámetro estándar para medir la calidad de la investigación). En la última década, China ha pasado de ocupar el sexto lugar al segundo y ha adelantado a potencias como Alemania, Francia y el Reino Unido. China está tomándose muy en serio generar sus propias unidades investigadoras y su propia tecnología.

Ya vimos en un capítulo anterior la habilidad de las empresas chinas para modificar la tecnología punta, que copian de las empresas occidentales para adaptarla a las necesidades locales mediante el desarrollo de tecnologías adaptativas, lo que da lugar a productos *shanzhai*. El iPhone transmutado mediante tecnologías adaptativas se transforma en el hiPhone. Es la forma en la que pequeñas y medianas empresas chinas asimilan y adaptan tecnología china en tanto que las grandes multinacionales chinas no solo la asimilan, sino que la mejoran.

Entonces…, ¿qué hacemos?

Observando el rápido avance económico de China de la última década, lo primero que debemos reconocer es que podemos aprender mucho de lo bien que ha gestionado ciertas cosas. Pero también hay que reaccionar. Es imprescindible, como veíamos al analizar cómo evitar la estanflación, centrarse en políticas microeconómicas o, lo que es lo mismo, es el momento de la llamada política industrial orientada al fomento de la competitividad de las empresas. Las economías necesitan para sobrevivir, como todas las especies de seres vivos, una alta capacidad de adaptación. Para ello tienen que cuidar su competitividad en el entorno que les ha tocado vivir. Ya hemos visto que China ha mostrado una extraordinaria capacidad de adaptación. Tanta que ahora los que están en problemas son los que quieren competir con ella. ¿Qué hacer entonces para adaptarse y sobrevivir en este entorno?

Como decía el economista Joseph Schumpeter, «la destrucción creadora» es el hecho esencial del capitalismo. El austriaco se refería al proceso de innovación que tiene lugar en toda economía de mercado por el que los nuevos productos sustituyen a las viejas empresas y modelos de negocio. La destrucción creadora del iPad 2 acabó con el iPad y el nuevo iPad mata a los otros dos. Otro vendrá que viejo te hará.

Las innovaciones de los emprendedores y las empresas son el impulso que de manera natural alimenta el crecimiento económico que hace avanzar el mundo. Por el camino desaparecen quienes no innovan o no se adaptan, por fuertes que puedan ser o parecer. La obsolescencia, es decir, quedarse atrás, es una amenaza constante. No hay más que pensar en grandes compañías que pasaron de ser número uno a desaparecer.

No adaptarse a tiempo puede costar el declive o la bancarrota y la extinción, ya seas una multinacional (como le pasó a Blockbuster, la mayor cadena de alquiler de películas, o a Kodak, el mayor fabricante de carretes de fotos) o un ultramarinos de barrio. También los trabajadores, en un mundo que cada vez avanza más deprisa, tenemos que estar alerta y reciclar nuestros conocimientos constantemente para no quedar obsoletos y seguir siendo competitivos en un mercado laboral cada vez más difícil. La formación continua, la experiencia internacional, el conocimiento de idiomas y la utilización profesional de las nuevas tecnologías son requisitos imprescindibles en un mundo globalizado y crecientemente competitivo.

El mercado natural de los profesionales españoles ya no es España, es Europa. Cualquier español puede trabajar sin necesidad de permiso de residencia ni de trabajo. Los españoles ya no son emigrantes en otros países de la Unión Europea. Son ciudadanos europeos que trabajan en empresas europeas. El desafío de las universidades en la actualidad en España es preparar a profesionales para Europa y no solo a profesionales para España, con todo lo que ello conlleva.

Un profesional formado para lo europeo y lo global no verá amenazado su puesto de trabajo por China ni por ninguna otra potencia emergente. Las amenazas sabrá convertirlas en oportunidades.

Lo que deben hacer las empresas

El antídoto a la destrucción creadora es, sin duda, preocuparse por estar siempre en el lado de los competitivos. Y las estrategias de competitividad solo pueden ser de dos tipos: o bien se compite por precio/costes o bien por la vía de los intangibles.

La política de la competitividad basada en la disminución de costes y precios ya hemos visto que en estos momentos es complicadísima, especialmente para Occidente, por el bajo coste de la mano de obra en otras partes del planeta, no solo en China. Sin embargo, no es imposible. Hay que tener en cuenta que los ahorros de costes no son solo laborales, también se pueden obtener eficiencias gracias a la ingeniería de los procesos productivos. Los costes laborales en las empresas industriales están, de media, en torno al 20 % de los costes de producción. Así que aún queda un 80 % para tratar de reducir costes sin tocar el empleo. Si solo reducimos los costes laborales, producimos un efecto perverso, no solo porque los trabajadores son los únicos que pagan el pato, sino porque con ello también se reduce el poder de compra de los consumidores (en el paro) y, si no se compran más productos, no hace falta producirlos. Así es como se crea la desaceleración económica y el aumento del desempleo.

El caso más emblemático que se estudia en las escuelas de negocios sobre cómo competir por costes y precios sin reducir costes laborales es el de Swatch. A finales de los años 70 la industria relojera suiza subestimó los efectos de la tecnología de cuarzo para el mercado relojero y dejó que otros países, sobre todo japoneses, desarrollaran esta tecnología. Con ella, los japoneses consiguieron relojes enormemente precisos y a la vez mucho más económicos que los suizos y empezaron a dominar el mercado.

La reacción de la industria relojera suiza fue rediseñar el producto consiguiendo reducir de 90 a 51 los componentes que tenían como mínimo los relojes convencionales y automatizar la producción desarrollando una novedosa cadena de fabricación. Así, Swatch consiguió fabricar un reloj tan barato o más que el de los japoneses sin tocar la remuneración de los trabajadores.

Los diez aspectos fundamentales que configuran este decálogo de los intangibles son los siguientes: la marca, la calidad, el diseño, las tecnologías de proceso, el servicio posventa, la internacionalización, la innovación de producto, el emprendimiento fuera y dentro de las empresas, los canales de distribución y la excelencia en la gestión.

A ello añadieron una buena dosis de innovaciones e intangibles como los que analizaremos a continuación, con lo que consiguieron que el reloj se convirtiera en un accesorio incluso para coleccionistas y combinable por color y diseño con diferentes *looks* de sus portadores.

La estrategia de Swatch se completó con el compromiso de que sus fábricas se mantendrían en Suiza sin reducir la remuneración de sus trabajadores. El rediseño del producto y del proceso de producción condujo a que el coste laboral supusiera en el coste total del reloj terminado no más del 10 %.

Desgraciadamente, no se está poniendo el suficiente énfasis en esta crisis de que la reducción de costes tiene que hacerse mediante la innovación en nuevos materiales que suplan la creciente carestía de las materias primas, en la innovación de productos y en la reingeniería de procesos utilizando las nuevas tecnologías para hacer más eficiente toda la cadena de valor de la empresa.

Pero, más allá del ahorro de costes y la reingeniería de procesos, aún podemos hacer mucho por aumentar nuestra competitividad, ya sea como trabajadores, como empresas o como país, si apostamos por lo que he denominado decálogo de los intangibles. Estos son todas aquellas cosas cuya gestión repercute en aumentar el valor de una marca o un producto aportándole valor añadido diferencial.

Los diez aspectos fundamentales que configuran este decálogo de los intangibles son los siguientes: la marca, la calidad, el diseño, las tecnologías de proceso, el servicio posventa, la internacionalización, la innovación de producto, el emprendimiento fuera y dentro de las empresas, los canales de distribución y la excelencia en la gestión.

Un caso de actualidad que ilustra una hábil gestión de intangibles para aumentar su competitividad es el de la empresa coreana Kia con su política de siete años de garantía para sus coches.

Con la política de comunicación sobre esta estrategia concreta está lanzando al mercado mensajes, además de sobre sus políticas posventa, sobre sus políticas de calidad y fiabilidad, lo que repercute muy positivamente en su imagen de marca. Estas políticas están fundamentadas en la reingeniería de sus procesos de fabricación, dado que con su sistema de producción anterior recibían constantes quejas de sus clientes con notificaciones de defectos en los vehículos. El rediseño de sus procesos de fabricación y un sistema de información integrado del que antes carecían han posibilitado el desafío de ofrecer más años de garantía que ninguno de sus competidores, lo que aumenta, por tanto, considerablemente su competitividad en los mercados mundiales del automóvil.

Muchos de estos aspectos son privativos de las sociedades desarrolladas como la española y se encuentran, al menos temporalmente, fuera del alcance de algunos de los más importantes países emergentes, que basan fundamentalmente su estrategia de competitividad en los precios.

China, sin embargo, además de la competitividad por costes y precios, ha introducido un impresionante factor intangible en su modelo de expansión económica: los canales de distribución.

Las empresas exportadoras saben que uno de los problemas críticos y más complicados que se plantean en la actividad exportadora es el desarrollo de unos adecuados canales de distribución en los países a los que se pretende exportar.

Pues bien, China, con su *estrategia de esponja*, está desarrollando en todo el mundo, hasta en los más pequeños pueblos, como ocurre en España, puntos de distribución que se convierten en poros absorbentes de recursos y en los que se emplean exclusivamente a emigrantes chinos para vender productos chinos hechos por chinos en China, como hemos comentado anteriormente.

Esta malla de puntos de distribución constituye una red poderosísima y en continuo aumento que genera empleo tanto para los chinos emigrantes como para los chinos residentes en China. Y ello a costa del pequeño comercio nativo y de la deslocalización de empresas industriales que buscan en China menores costes laborales y acceso al inmenso y dificilísimo mercado chino.

En cualquier caso, las políticas de competitividad basadas en intangibles son de suma actualidad en este momento en el que la salida de la crisis solo será posible mediante la actividad empresarial apoyada por una inteligente política industrial que facilite cambios en el «modelo de negocio». El libro del periodista norteamericano Jeff Jarvis *Y Google, ¿cómo lo haría?*[30] es paradigmático al respecto. Inspirándose en Google, que es la empresa con el mayor crecimiento en el menor periodo de tiempo de la historia, toma los ejemplos de su gestión para proponer sencillas reglas que todas las empresas pueden seguir para lograr el éxito en su campo. La era digital es una realidad llena de cambios y retos constantes pero también llena de grandes oportunidades. La reingeniería de procesos que incorpora Internet en todos los eslabones de la cadena da valor a las empresas y desarrolla la innovación de productos al apoyarse, entre otras cosas, en el desarrollo de nuevos materiales sintéticos y utilizar los avances de la

30. Jeff Jarvis, *Y Google, ¿cómo lo haría?*, Barcelona: Gestión 2000, 2010.

nanotecnología para paliar los problemas de materias primas que inevitablemente vamos a sufrir en el inmediato futuro.

Las denominadas políticas de oferta, basadas en la competitividad por el precio, disminuyendo costes productivos, y en la gestión de los intangibles, frente a las políticas de demanda, que es como se conoce también a las políticas *keynesianas*. La competitividad por costes y precios tiene el mismo efecto en la actividad exportadora de las empresas que tendría una devaluación de la moneda, y por ello a la disminución de costes salariales y su impacto en los precios se la denomina devaluación interna.

La reingeniería de procesos, así como los cambios en los modelos de negocio, deben tener en cuenta sobre todo la aparición de tecnologías disruptivas, como lo fueron en los años 70 la microelectrónica, la robótica y la ingeniería genética o como lo es actualmente la revolución de las tecnologías de la información, en especial las directamente relacionadas con Internet.

Las nuevas tecnologías de la información modifican drásticamente la cadena de valor de prácticamente todas las empresas y afectan a todas sus áreas funcionales, desde el *marketing* y las finanzas a la gestión de recursos humanos y de la producción, y generan nuevas oportunidades de negocio como las que se derivan de la denominada *app economy* (economía de las aplicaciones).

En efecto, desde que en el año 2008 Apple abrió en su plataforma iTunes una tienda virtual de aplicaciones denominada App Store y posteriormente Google lanzó su plataforma Android Market (ahora transformada en Google Play), la economía *app* ha generado más de 20.000 millones anuales en aplicaciones que utilizan la infraestructura informática denominada *cloud computing* (tecnologías en la *nube*) orientadas fundamentalmente al nuevo inmenso mercado vinculado a los teléfonos inteligentes (*smartphones*) y a todo tipo de dispositivos móviles.

Por otra parte, la fabricación de bienes físicos se va a ver revolucionada en un inmediato futuro por la aparición de las impresoras 3D, que permitirán la digitalización de los medios de producción y fabricación al transformar mediante estas impresoras el diseño industrial en productos reales.

Esta revolución por venir en un futuro inmediatamente próximo tiene ya nombre: es la que se ha venido a conocer como la revolución de los *prosumidores*, o productores de bienes de consumo, lo que supone un cambio de paradigma del modelo económico actual, en el que la distribución desaparece y no hace falta transportar materiales, pues el diseño de los objetos viaja digitalmente para luego adaptarse a escala local. Concretamente, la NASA está planeando usarla para repuestos en misiones espaciales.

Sin embargo, estas políticas basadas en la disminución de costes, en la gestión de intangibles y en la incorporación de las nuevas tecnologías a los procesos productivos y a los modelos de negocio pueden ser claramente insuficientes si no existe una reacción internacional ante la competencia desleal que está realizando China a través de su moneda artificialmente devaluada, de su mercado de trabajo totalmente intervenido y de su permisividad en relación con los costes ambientales y con la copia masiva de tecnología, y todo esto haciendo abstracción de los temas relacionados con los derechos humanos y con la libertad política vinculada a la democracia.

Especialmente sensibles a la irrupción de China como potencia económica son los países que, como España, han basado, con mal criterio, su competitividad internacional en la política de precios y han descuidado tanto la política de gestión de intangibles como las políticas de desarrollo de tecnologías de procesos industriales y de innovación de productos y no han tratado de modificar sus modelos de negocio.

El sector azulejero español, como hemos visto, es un ejemplo paradigmático de esta situación. Ahora están sufriendo las consecuencias de haberse visto sometidos a una especie de *efecto sándwich*, pues, por un lado, se vieron amenazados por los productos cerámicos chinos que compiten por precio y copan actualmente un tercio del mercado con productos de baja calidad, y, por otro lado, tampoco podían competir con los productos cerámicos italianos, con una marca y prestigio ya consagrados, que compiten por intangibles aprovechando su marca-país, vinculada a la excelencia en la calidad y, sobre todo, al diseño, marca e imagen internacional que no han conseguido los productos españoles por la ausencia de una política explícita de gestión de intangibles.

Resultado: 11.000 puestos de trabajo perdidos en los últimos cuatro años, lo que supone un tercio del total de los trabajadores del sector debido tanto a los problemas derivados de la crisis de la construcción en España como a la competencia en el exterior de China, que ha impedido a los azulejeros españoles compensar con exportaciones la pérdida del mercado interior. Los empresarios más avispados del sector azulejero español se han ido directamente a fabricar a China. Una vez más, la misma ecuación: empleo en China, desempleo en España.

En el otro extremo de los ejemplos de empresas españolas tenemos a Inditex, la empresa de Amancio Ortega, dueño de Zara. Inditex supo posicionarse como marca, y en los últimos diez años ha vivido un avance vertiginoso, de tal forma que en 2020 cuenta con más de siete mil establecimientos en 96 países del mundo (adelantando a la sueca H&M y a la norteamericana GAP). Para Zara, China es ya su segundo mercado mundial. Pero, ojo, si hay una empresa que a largo plazo le puede hacer frente es seguramente la gemela china que le ha salido, Mulaya, una empresa que está creciendo rápidamente imitando sus modelos y su gestión y vendiendo ropa similar a precios más bajos. ¿Qué diferencia a Zara? Para no ser desbancada por otra empresa que imita sus esquemas de producción y hasta sus productos, fabricados seguramente por mano de obra similar (cuando no la misma) y una misma materia prima, lo que diferencia a Zara y la mantiene aún en el liderato mundial es el fuerte valor de marca que ha creado. Ese prestigio es el único que, a la larga, puede diferenciar sus productos.

Con la tecnología pasa también, y aquí ya vemos que los chinos han empezado también a preocuparse por potenciar sus propios intangibles. Por eso las empresas no pueden permitirse bajar la guardia. Si fabricas todos los componentes del iPhone en China, tienes a un montón de ingenieros que lo saben todo sobre tu producto y es cuestión de tiempo que se decidan a hacerlo por sí mismos. Si fabricas los bolsos de lujo en China, es fácil montar un taller vecino que utilice la misma materia prima y hasta los mismos obreros para sacar un producto igual. Pero ya no se trata solo de copiar el producto que la marca occidental inventó, sino de desarrollar otros productos similares, que puedan competir en igual o mayor aceptación en el mercado, con otra marca (china) que la desbanque. Y eso es lo que está sucediendo ahora mismo. No se trata únicamente de copiar el producto, también la estrategia y, con ella, la aspiración al liderato del mercado global.

Dentro de muy poco años, si no apostamos fuertemente por la innovación en Occidente, vestiremos ropas de marcas chinas, nuestro móvil será chino, lo será la operadora de telecomunicaciones por la que hablemos (ahí está Huawei como segunda empresa de redes de comunicación del mundo tras Ericsson) y los dueños de nuestras empresas de luz y electricidad puede que también lo sean.

Lo que debemos hacer nosotros

Aquí les daré una noticia buena y otra mala. La buena es que no va a hacer falta aprender los más de 50.000 caracteres del chino: los idiomas van a dejar de ser una barrera en un futuro muy cercano debido a las tecnologías de la información, que permitirán a cada persona hablar en su propio idioma y al interlocutor oír en el suyo propio. Se trata de un sencillo sistema de micrófono y auriculares, al estilo de los árbitros de *rugby* americanos, el que permitirá esta comunicación; ya está desarrollándose, así que los idiomas para los negocios pronto dejarán de ser una barrera. La mala es que no nos libraremos de tener que dominar (no basta ya con aprenderlo a medias) el inglés, que durante el siglo XXI seguirá siendo la lengua franca imprescindible, tanto cultural como económicamente. En la vida diaria de un mundo global, el inglés será la lengua que siga abriendo puertas y consolidándose como idioma universal. El tiempo dedicado a aprender cualquier otro idioma puede tener un interés cultural, pero no práctico.

Optimizar nuestra preparación profesional en la especialidad elegida, sea en la formación profesional o en la universitaria, es también crucial en el siglo XXI. Hay que aprender a aprender.

Otra de las cosas que están en nuestra mano, en la línea de la formación imprescindible, es estar profesionalmente familiarizados con las tecnologías avanzadas de la información, sea cual sea el trabajo que uno quiera desempeñar, en sus distintos formatos. Un aprendizaje que requiere constancia y curiosidad permanente, ya que son tecnologías en constante desarrollo. Internet seguirá revolucionando nuestras vidas con sus más variadas aplicaciones a lo largo del siglo XXI y ese carro hay que cogerlo porque de él dependerá nuestra competitividad.

Desarrollar una cultura y profesionalidad cosmopolita, con estancias prolongadas en distintos países, será cada vez también más imprescindible para poder entender el mundo que viene. Primero deberemos aprender en profundidad a ser ciudadanos europeos y, por lo tanto, es recomendable utilizar y potenciar todos los programas de movilidad posibles, como las becas Erasmus y cualquier otro mecanismo que permita cursar fuera parte de la educación de niños y jóvenes, que deberían hacerse extensivos a la enseñanza media, con programas de intercambios de colegios e institutos de toda Europa y sobre todo en el tramo superior de la formación profesional. Pero también como trabajadores tienen que caérsenos los anillos y las fronteras a la hora de vivir experiencias laborales internacionales, que conforman una mentalidad y una red de contactos más global y, por tanto, más adaptada al mundo contemporáneo.

Optimizar nuestra preparación profesional en la especialidad elegida, sea en la formación profesional o en la universitaria, es también crucial en el siglo XXI. Hay que aprender a aprender. El modelo de enseñanza que preconiza Apple está basado en la idea de que toda la información está al alcance de la mano en un móvil inteligente. Ese móvil inteligente que cabe en una mano y que tiene más tecnología microelectrónica incorporada que la que fue necesaria para llevar a un hombre a la Luna en 1969. En una mano, toda la tecnología y la información del mundo. El futuro será de aquellos países que con mayor habilidad sepan hacer que sus ciudadanos puedan transformar dicha información en conocimiento.

¡La educación y el sistema educativo son la clave! Las nuevas generaciones tienen que aprender a transformar esa información en conocimiento a lo largo de toda su vida.

15.
¿Quién le pone el cascabel al dragón?
Lo que deben hacer España y la Unión Europea ante China

«El nacionalismo es una enfermedad que se cura viajando.»

MIGUEL DE UNAMUNO

No hay duda ya de que en los desafíos globales derivados del cambio de era que está experimentando nuestro planeta el protagonista indiscutible es China. Sin embargo, como hemos visto, influyen también otros factores tan relevantes como la velocidad del cambio demográfico, el futuro del control del petróleo en manos de un islamismo radical que está ganando posiciones al socaire de las ingenuamente denominadas primaveras árabes. A ello hay también que añadir la mutación que está provocando en nuestra forma de aprender, de comunicarnos, de convivir, de producir, etcétera, la aparición de Internet y las nuevas tecnologías de la información y las comunicaciones.

En este mundo mutado en el que se está convirtiendo nuestro planeta en el siglo xxi, las grandes potencias emergentes y dominantes (Brasil, la India, Rusia, China y los Estados Unidos) tienen en común una base de millones de kilómetros cuadrados y cientos de millones de habitantes. El cambio geopolítico es brutal. De la misma forma que la Edad Moderna arrasó el sistema feudal, el nuevo orden político y económico mundial dejará fuera de juego, salvo rarísimas excepciones, a aquellas naciones que no alcancen el volumen adecuado para garantizarse un mercado interior de grandes dimensiones y una extensión territorial que garantice, entre otras cosas, su seguridad energética, de materias primas y alimentarias en un mundo de recursos crecientemente escasos y cada vez más competitivo. Recordemos que Brasil tiene más de 8 millones de kilómetros cuadrados y 200 millones de habitantes; la India, 3 millones de kilómetros cuadrados y 1.200 millones de habitantes; Rusia, 21 millones de kilómetros cuadrados y 200 millones de habitantes; China, 10 millones de kilómetros cuadrados y 1.400 millones de habitantes, y los Estados Unidos, 10 millones de kilómetros cuadrados y 300 millones de habitantes.

> **Trump [...] ha planteado como objetivo la reindustrialización de los Estados Unidos y ha enfatizado la importancia de producir en América para sustituir el *made in China* por el *made in USA* [...].**

Los países más extensos de Europa tienen en torno a 500.000 kilómetros cuadrados y el más poblado es Alemania, con 80 millones de habitantes. Y todavía las tensiones independentistas europeas quieren crear microestados en el siglo XXI, como el País Vasco, con 80.000 kilómetros cuadrados y dos millones de habitantes. ¡Qué visión de futuro!

Ningún país europeo puede enfrentarse individualmente a los enormes problemas que plantea el cambio de era, de los que el avance hegemónico chino es uno de los más importantes, si no existe un consenso internacional que obligue a China a cumplir escrupulosamente los acuerdos firmados, entre otros, con la Organización Mundial del Comercio (OMC) y con la Organización Internacional del Trabajo (OIT), además del cumplimiento imprescindible de los acuerdos de Kioto sobre medioambiente y cambio climático.

Trump, en su reciente discurso sobre el estado de la nación, ha planteado como objetivo la reindustrialización de los Estados Unidos y ha enfatizado la importancia de producir en América para sustituir el *made in China* por el *made in USA*, teniendo en cuenta, entre otros factores, que el 20 % de los artículos que se consumen en los Estados Unidos se producen en China. Esto supone poner el énfasis en la política industrial para ayudar a las empresas de fabricación. Lo que no ha quedado claro es el cómo va hacerlo. Este sería, seguramente, uno de los mayores desafíos económicos de Trump en el caso de ser reelegido para un segundo mandato.

Europa, por su parte, tiene que convertirse en una Unión Federal Europea fuerte si quiere tener alguna significación en el juego de poder político y económico mundial que se está perfilando en el siglo XXI. En la situación actual estamos condenados a la irrelevancia política económica internacional. Incluso el poder simbólico que solía tener el viejo continente también lo está perdiendo por dar esa imagen de confusión en la que veintisiete voces de veintisiete países hablan a la vez con sonidos diferentes sin escucharse unos a otros.

Esta no es una manera ni inteligente ni práctica de actuar en un mundo cada vez más global. España, individualmente, no puede hacer nada para defenderse económicamente de China, y una Europa débil tampoco. Separando fuerzas somos insignificantes.

En una entrevista concedida a *Cinco Días* publicada el 25 de abril de 2012, el empresario italiano Mario Moretti, presidente y fundador de Geox, con más de mil tiendas en el mundo y una facturación de casi mil millones de euros y uno de los hombres más ricos del mundo según la revista *Forbes*, a la pregunta de cómo ve el futuro de Europa contesta: «O construimos una Europa verdadera o habrá una ruptura definitiva. Ahora tenemos una Europa geográfica, pero cada país es independiente y toma sus propias decisiones como quiere. Si un presidente extranjero viene a Europa, ¿con quién habla? Cada nación tiene su propia legislación financiera, laboral, fiscal o de defensa».

Y prosigue: «Si queremos construir una Europa real, necesitamos un presidente fuerte elegido por el pueblo y una única constitución, como en los Estados Unidos, donde las normas sean iguales en Alemania, en Italia o en España. Creo que son los más jóvenes los más interesados en que Europa no se divida. El camino correcto frente a la mundialización es una Europa muy fuerte que pueda garantizar a los europeos una vida segura en cuanto al trabajo, la educación y la sanidad».

Nunca antes el mundo ha afrontado la hegemonía de un país con 1.400 millones de habitantes y una cultura ancestral de más de 5.000 años.

Prácticamente son las mismas palabras con las que yo concluí mi discurso en la sesión plenaria del Congreso Internacional Qualicer 2012 en Castellón ante un auditorio de unos mil empresarios azulejeros de todo el mundo el mes de febrero de 2012. Cada vez somos más los que pensamos que la solución para los problemas de Europa es «mucha más Europa». Desde entonces, Europa no solo no ha avanzado en su unidad, sino que se ha debilitado como consecuencia del *brexit*.

El mundo ha tenido otros imperios dominantes. Lo fue Roma en la antigüedad; España, con Felipe II; Francia, con Napoleón; Inglaterra, en el siglo XIX; los Estados Unidos, en el siglo XX... Y China va a serlo en el XXI. Sin embargo, algo va a ser diferente esta vez. Nunca antes el mundo había afrontado la hegemonía de un país con 1.400 millones de habitantes y una cultura ancestral de más de 5.000 años. El desvío de recursos y puestos de trabajo que el hegemonismo de este nuevo imperio conlleva es de consecuencias difícilmente imaginables. Además, esta vez no se trata, como hemos visto, de una democracia al uso, sino de una dictadura comunista.

La batalla por las crecientemente escasas reservas minerales, energéticas y alimentarias puede ser épica si no somos capaces de generar fuertes contrapoderes que defiendan los intereses, en este caso de los europeos, frente a las nuevas potencias emergentes y a las potencias tradicionales como los Estados Unidos y Japón.

El contrapoder europeo solo puede basarse en una Europa unida política y económicamente que configure una Unión Federal Europea con tres millones de kilómetros cuadrados, 500 millones de habitantes y una tradición intelectual, cultural y artística sin parangón en el mundo. La cualificación de sus profesionales y de su mano de obra es extraordinaria, aunque debe potenciarse enormemente el potencial emprendedor, pues Europa está quedando relegada en la batalla por el dominio tecnológico y económico en el campo de las nuevas tecnologías. Ni Microsoft, ni Apple, ni Facebook, ni Google, ni Huawei son europeas. Por cierto, Google, Facebook y Amazon han sido fundadas por judíos y Apple y Microsoft, cofundadas por judíos, muchos de ellos descendientes de los judíos que fueron expulsados o tuvieron que huir de Europa a causa de la Segunda Guerra Mundial. Es nuestro talón de Aquiles. Y este talón de Aquiles se hará mucho más visible si somos incapaces de superar los nacionalismos excluyentes francés, inglés, alemán, español, escocés, flamenco, balón, corso, padano, vasco o catalán y vamos hacia una fragmentación mayor de Europa en lugar de hacia una convergencia mucho mayor.

Hace mucho tiempo que yo, personalmente, me siento

mucho más europeo que español, como el canciller Adenauer (jefe del Gobierno alemán en los años 60) se sentía más europeo que alemán. Mis referentes culturales son Kant y Ortega y Gasset, Bach y Beethoven, Velázquez y Renoir, Shakespeare y Cervantes, y los únicos símbolos en los que creo, desde mi época universitaria, son la bandera azul con la corona de estrellas y el *Himno de la alegría*.

En España, el Estado de las autonomías va en el sentido contrario de la historia. Fragmenta en lugar de unir. El modelo autonómico del Estado español es un engendro ajeno a la tradición politicoadministrativa española, de centralización política y descentralización administrativa. Un modelo como el francés tiene más que ver con nuestra tradición.

Para cerrar en falso las reivindicaciones nacionalistas vascas y catalanas, los políticos españoles de la transición se inventaron un mal remedio del Estado federal alemán con el famoso «café para todos». El resultado ha sido desastroso.

Estos son los siete pecados capitales del modelo autonómico español: despilfarro, corrupción, hipertrofia de la clase política, hipertrofia de la administración pública, ruptura de la unidad de mercado, voracidad crediticia e ingobernabilidad del Estado.

El Estado de las autonomías se ha convertido en el gran pesebre de la clase política española. Más de mil diputados regionales. Más de tres mil cargos públicos autonómicos con un coste directo en sueldos de más de mil millones de euros. Un millón de funcionarios autonómicos sobrantes, duplicando funciones entre las administraciones central, autonómica y municipal, con un coste que incrementa el presupuesto corriente en 24.000 millones de euros que deberían ser dedicados a gastos de inversión que dinamizaran la obra pública ante la atonía del sector privado.

Lamentablemente, la clase política no va a tirar piedras contra su propio pesebre.

El desafío de China y los otros desafíos globales de los que hemos hablado en este libro no pueden ser enfrentados con una Europa dividida y una España fragmentada. Si no reaccionamos, el Dragón Rojo nos acabará devorando. No olvidemos que estamos viviendo no ya el año, sino el siglo del dragón o del coronavirus, como veremos después.

Confucio decía: «Exígete mucho a ti mismo y espera poco de los demás». Si nosotros, españoles y europeos, no somos capaces de resolver nuestros propios problemas, no esperemos que otros nos los vengan a resolver. China, dragón o parásito, está haciendo lo que le corresponde hacer en función de sus intereses. Somos España, Europa y Occidente en general quienes no estamos sabiendo reaccionar ante el imponente desafío del Dragón Rojo.

16.
China y la crisis del coronavirus

«Hubo un tiempo en el que todos los caminos conducían
a Roma, ahora conducen a Pekín.»

PETER FRANKOPAN

En mis clases de Estructura y Política Económica Internacional siempre he considerado que había tres periodos perfectamente definidos: de 1945 a 1973, que va desde la fina-
lización de la Segunda Guerra Mundial a la primera crisis del
petróleo (que se superpone a la ruptura del sistema monetario internacional con la devaluación del dólar en 1971); el
periodo de 1973 a 1989, que finaliza con la caída del muro
de Berlín y los sucesos de la plaza de Tiananmén en Pekín,
y el que va de 1989 hasta un año que quedaba por definir.
Ahora lo tengo claro: el periodo termina en 2020.

El periodo de 1989 a 2020 se caracteriza fundamentalmente por la ruptura del bloque de la Unión Soviética y por
la emergencia como potencia económica y política de China. Los Estados Unidos mantenían la hegemonía económica
y la máxima influencia política en el mundo.

Esta situación va a cambiar drásticamente a partir del año 2020. Entramos en lo que hemos definido como la era del dragón o del coronavirus. China se consolidará como primera potencia económica mundial y su influencia política crecerá aceleradamente en el mundo ante el vacío que ha dejado Trump en su repliegue suicida, sobre todo si Donald Trump sigue siendo presidente.

Como es lógico, este nuevo escenario no se presenta de la noche a la mañana. Las páginas anteriores han ido ilustrando la creciente influencia china en el mundo. Y el segundo gran salto adelante (el primero lo dio en la época de Mao) se produjo fundamentalmente entre 2001, fecha en la que China ingresa en la Organización Mundial del Comercio, y 2013, fecha en la que Xi Jinping toma posesión de la presidencia de China.

Desde 2013 hasta 2020 la trayectoria de China ha sido una prolongación de las tendencias apuntadas en la década anterior hacia una hegemonía china con un ritmo lento pero inexorable, y siempre siguiendo la recomendación de Deng Xiaoping en su discurso de los 24 caracteres: «Observa con calma, asegura tu posición, afronta los asuntos con tranquilidad, esconde tus capacidades y aguarda el momento oportuno; mantén el perfil bajo y nunca reivindiques el liderazgo», y de Sun Tzu en *El arte de la guerra*, cuando dice: «Luchar y vencer en todas tus batallas no es la excelencia suprema; el arte supremo de la guerra es someter al enemigo sin combatir». Como ya vimos en capítulos anteriores, se trata de una estrategia discreta, incluso silenciosa y pacífica, de conseguir el liderazgo del mundo.

Todo cambia en enero de 2020, cuando China decreta el confinamiento en Wuhan. Desde ese momento los acontecimientos se suceden de manera vertiginosa. El coronavirus, del que seguramente nunca conoceremos su origen real −transmisión animal-hombre o creación en laboratorio−, como seguramente tampoco sabremos si la pandemia fue accidental o intencionada, llega y arrasa Italia y después España y el resto del mundo. Antes había sido detectado en Corea del Sur y en Irán. Que no sepamos nunca el verdadero origen e intencionalidad de la pandemia no es nuevo en la historia del mundo. Por ejemplo, no se conoce el origen real del incendio de Roma en los tiempos de Nerón del que se culpó a los cristianos ni se conoce si el hundimiento del barco de guerra norteamericano Maine en el puerto de La Habana fue obra o no de los propios norteamericanos para justificar el comienzo de su guerra contra España.

Lo que sí que conocemos son las consecuencias inmediatas de la catástrofe. Dos mil millones de personas confinadas en el mundo y el hundimiento brutal de la economía mundial…, salvo la china, cuyo PIB también ha caído, pero mucho menos que el de las economías occidentales.

En efecto, del 1 al 31 de marzo de 2020 China exportó 3.860 millones de mascarillas, 37,5 millones de trajes de protección, 16.000 respiradores y 3 millones de kits de detección del coronavirus a cincuenta países y por un valor de 1.300 millones de euros. Y esto es solo el comienzo. A eso habría que añadir el posicionamiento accionarial del Gobierno y de los empresarios privados chinos en las principales empresas tecnológicas del mundo, que han aprovechado el hundimiento de las bolsas internacionales. Recordemos que China tiene 3,5 billones de dólares en reservas. Al fin y al cabo, el Gobierno chino no hace sino seguir uno de los principios estratégicos de inversión del oscuro y siniestro personaje George Soros: los grandes beneficios se hacen en las grandes catástrofes.

> **Lo que sí que conocemos son las consecuencias inmediatas de la catástrofe. Dos mil millones de personas confinadas en el mundo y el hundimiento brutal de la economía mundial…, salvo la china.**

Si yo tuviera que elegir una imagen gráfica que reflejara el nacimiento del coronavirus, sería la del gobernador de Nueva York, Andrew Cuomo, recibiendo en el aeropuerto Kennedy los mil respiradores donados por el chino Jack Ma, fundador de Alibaba, la versión china de Amazon, después de declarar: «Los Estados Unidos no tienen capacidad para fabricar respiradores al ritmo que la propagación de la pandemia impone». Al día siguiente Trump tuvo que agradecer la donación a China.

De la catástrofe económica que provocará el coronavirus cabe destacar el coste global que según la Brooks Institution tendrá la pandemia para la economía mundial, 2,3 billones de dólares, y la previsión de la Organización Internacional del Trabajo, que prevé una pérdida de doscientos millones de empleos en el mundo. En España se calcula una pérdida de empleo inicial de más de un millón de trabajadores durante el año 2020, que puede llegar a los más de dos millones en los próximos dos años. Este año vamos a pasar del 13 al 20 % de la población activa desempleada.

La crisis del coronavirus: ¿es China culpable?

La respuesta es sí, pero no exclusivamente. En efecto, China tardó en reconocerlo y ocultó datos durante seis semanas al comienzo de la crisis, lo que facilitó su rápida expansión. Incluso apercibió públicamente al médico que advirtió de la aparición del coronavirus en diciembre y que luego murió víctima de una neumonía provocada por el mismo virus.

Pero también es verdad que todo se habría desarrollado de otra manera si Occidente no hubiera «deslocalizado masivamente» sus empresas, hasta convertir a China en «la fábrica del mundo», o no hubiera «importado a chinos» buscando una mano de obra barata, eficiente y no reivindicativa. Es la reproducción a muy pequeña escala de lo que ocurrió en el siglo XIX en los Estados Unidos, que importó mano de obra china semiesclavizada para construir sus ferrocarriles, época magistralmente retratada en la novela *El chino*, de Mankell Henning.

La «deslocalización» tiene que ver con el dramático desabastecimiento de mascarillas, respiradores y equipamiento sanitario de los países occidentales. «Cada mañana –declaró la presidenta de la Comunidad de Madrid– China se parece a un mercado persa.» Se refería a la puja de los Gobiernos de todo el mundo por hacerse con partidas de mascarillas y, sobre todo, respiradores. En estos momentos, China tiene una especie de «puente aéreo global» con la mayoría de los países del planeta, a los que lleva equipamiento sanitario para luchar contra el coronavirus. Ha pasado en un mes de «culpable» a «salvador del mundo»; una metamorfosis única en la historia.

Pero, si hay un sector que ilustra dramáticamente la «deslocalización» suicida de las empresas europeas y norteamericanas, es el sector farmacéutico, tan relevante en la crisis que padecemos. China produce el 90 % de la penicilina del mundo, el 60 % del paracetamol y más del 50 % del ibuprofeno, por mencionar algunos de los medicamentos más utilizados. Los Estados Unidos importan el 95 % del ibuprofeno, el 91 % de la hidrocortisona, el 70 % del paracetamol, el 45 % de la penicilina y el 40 % de la heparina de China. Entre la India y China fabrican el 80 % de los medicamentos de todo el mundo. De esta forma, China ha creado un imperio farmacéutico en el que, como ha ocurrido en otros sectores, los chinos no solo fabrican, sino que investigan e innovan. Así, no es una casualidad que el 17 de marzo China ya anunciara que tenía la vacuna contra el coronavirus y que el 14 de abril explicara que ya había comenzado los ensayos en humanos.

Para China es fundamental ser los primeros en la producción mundial de la vacuna, porque le proporcionará una extraordinaria influencia internacional, sobre todo en los países en vías de desarrollo, a los que posiblemente se la suministre gratuitamente o a un precio muy competitivo.

Por otra parte, China tiene previstos grandes eventos multitudinarios para conmemorar el centenario de la creación del Partido Comunista Chino, que se produjo el 1 de abril de 1921. La del centenario es una fecha clave para mostrar al mundo la supremacía de su modelo político respecto de las democracias occidentales, y no puede dejar pasar la ocasión por la crisis del coronavirus. Seguramente asistiremos a la vacunación masiva de mil cuatrocientos millones de chinos en tiempo récord para que no se empañen los eventos previstos para la primavera de 2021.

Respecto a «la importación de chinos» de algunos países occidentales para reducir los costes de producción, es paradigmático el caso del norte de Italia y el sector textil. En el capítulo 3 mencionamos el caso de la ciudad de Prato, una de las principales ciudades textiles de Italia, a quince kilómetros de Florencia. Durante la última década del pasado siglo y la primera del presente se produjo una inmigración masiva de ciudadanos chinos estimulada por las grandes empresas italianas de la moda, que querían mantener el *made in Italy*, por lo que no deseaban desplazar su producción a China, como hizo, por ejemplo, Inditex. Prefirieron traer mano de obra barata, eficiente y no reivindicativa de la zona textil más importante de China, la región donde se ubica Wuhan. La Universidad Textil de Wuhan es la más importante de China. Fueron muchos de estos chinos inmigrantes los que fueron a pasar sus vacaciones de Año Nuevo a la zona de Wuhan y los que previsiblemente a lo largo del mes de enero llevaron con ellos el coronavirus a Italia. Recordemos que las más famosas empresas italianas de moda se ubican en Milán, por lo que la relación entre Prato y Milán es sumamente estrecha.

El 19 de febrero tuvo lugar en el Estadio San Siro de Milán el encuentro de fútbol entre el Atalanta de Bérgamo y el Valencia Club de Fútbol, con cuarenta mil aficionados italianos y dos mil quinientos aficionados españoles. El alcalde de Bérgamo y el director de neumología del hospital de dicha ciudad italiana coincidieron en su apreciación: «El encuentro de fútbol Atalanta-Valencia ha sido una bomba biológica». Esa bomba puede explicar la gravedad de la pandemia en el norte de Italia.

Los dos mil quinientos aficionados españoles volvieron a Valencia, muchos de ellos seguramente contagiados con el coronavirus. De hecho, un tercio del vestuario del Valencia dio positivo en coronavirus. Es probable que desde el 20 de febrero hasta el 8 de marzo muchos contagiados por el coronavirus viajaran en el AVE entre Madrid y Valencia. El 8 de marzo se celebró en Madrid una manifestación feminista con ciento diez mil asistentes que estuvieron interactuando durante cuatro horas y cuya cabeza de la manifestación se vio seriamente afectada por la epidemia. Las ministras Montero y Darias, la vicepresidenta Calvo y la esposa del presidente del Gobierno han estado enfermas por coronavirus. Por otra parte, Vox organizó en la plaza de toros de Vista

Alegre un mitin al que asistieron quince mil personas. Los números uno y dos de Vox, Abascal y Ortega Smith, dieron positivo por coronavirus.

Respecto de la gestión de la crisis, unos datos. En Madrid, con cuatro millones de habitantes, después del 8 de marzo han habido 65.000 contagios y 8.000 muertos. En Fuengirola, en la Costa del Sol, con 80.000 habitantes, han habido 58 contagiados y 2 muertos. En Fuengirola se han aplicado las mismas medidas de confinamiento draconianas que en Madrid. Resultado: huida masiva de turistas y de residentes extranjeros de larga duración que pasan el invierno en España. En Fuengirola, por ejemplo, de la colonia de diez mil finlandeses residentes, más de seis mil se volvieron a su país nada más decretarse el drástico confinamiento, justificable en Madrid, pero no en la Costa del Sol, donde la incidencia de la pandemia ha sido mínima. Y lo mismo ocurrió con ingleses, holandeses, suecos y alemanes... La economía de Fuengirola, dependiente en un 70% del turismo, hundida, igual que en las Baleares, en las Canarias y en prácticamente toda la costa mediterránea. El turismo supone el 12% del PIB y el 14% del empleo y ocupa a casi tres millones de personas. Un dramático despropósito.

Si los cuarenta mil italianos de San Siro eran una bomba biológica, los ciento veinticinco mil manifestantes de Madrid eran una «superbomba». Esto puede explicar la magnitud de la epidemia en Madrid. Curiosamente, en el Estadio San Siro de Milán juegan el Inter de Milán y el Milán Club de Fútbol, ambos propiedad de empresarios chinos.

La globalización, el continuo trasiego de viajeros por el mundo, ha convertido lo que inicialmente era una epidemia en una región china en una «pandemia mundial».

Pero, si hay un sector que ilustra dramáticamente la «deslocalización» suicida de las empresas europeas y norteamericanas, es el sector farmacéutico, tan relevante en la crisis que padecemos.

Respecto de la culpabilidad de China, ya dijimos que cabe achacar al Gobierno chino el ocultamiento durante seis semanas, lo que provocó la gravedad y la extensión de la epidemia. Lo que no se puede demostrar es que China indujera la pandemia como un elemento de guerra biológica contra los países occidentales. Más bien todo hace pensar que se trató de un accidente fortuito, aunque haya dudas sobre si comenzó con un contagio animal-hombre o el coronavirus fue creado en un laboratorio.

Lo que sí que está claro es que esta pandemia beneficia claramente a China. Es la razón que aducen los partidarios de la «teoría conspirativa», que culpan a China de la voluntariedad en la extensión de la pandemia. Aplican, en definitiva, la primera pregunta que se hace la policía cuando investiga un crimen: «*Qui prodest?*», o sea, «¿A quién beneficia el crimen?». Detrás de esa pregunta suele estar el culpable. En este caso, ya hemos comentado que no existe la más mínima evidencia de la voluntariedad de China en la generación de esta pandemia. Es prácticamente seguro que se debe a un accidente fortuito cuyas consecuencias están siendo magistralmente gestionadas por China, tanto en el interior del país como en el resto del mundo.

Lo que es indudable es que China ha sabido «gestionar con maestría» la crisis hasta convertirse, como comentamos anteriormente, en providencial salvadora del mundo y ha obtenido, además, un rédito económico extraordinario.

17.
China-Estados Unidos: la guerra por el liderazgo en la era del coronavirus

«Temo más a mis propios errores que a los aciertos del enemigo.»

TUCÍDIDES

La nueva era del coronavirus tiene un protagonista indiscutible, China, y un líder no menos indiscutible, Xi Jinping. Cuando en el año 2012 el Congreso del Partido Comunista Chino, que se celebra cada cinco años, eligió a Xi Jinping para presidir China y este tomó posesión en marzo de 2013, nadie podía prever el «liderazgo carismático» que Xi Jinping iba a imponer a partir de ese momento.

De hecho, desde que murió Mao, la presidencia china tenía un máximo de dos periodos de cinco años según su constitución. En marzo de 2018 Xi Jinping consiguió modificar la constitución para que la presidencia china no tuviera fecha de caducidad, lo que le permitiría perpetuarse en el poder. De hecho, Xi Jinping debía abandonar la presidencia de China en el año 2023, después del XX Congreso del Partido Comunista Chino que se tenía que celebrar en noviembre de 2022. Con el cambio introducido en la constitución, nadie duda ya de que Xi Jinping será reelegido presidente de China, con lo que completará un tercer periodo y estará en la presidencia un mínimo de quince años.

Hasta el cambio constitucional, la continuidad de la política china a «largo plazo» estaba garantizada por el hecho de que el vicepresidente acababa siendo el siguiente presidente. Esto hacía que, como la edad de jubilación en China es a los setenta años, el vicepresidente tenía normalmente entre diez y doce años menos que el presidente. Así, por ejemplo, Xi Jinping era el vicepresidente de Hu Jintao, que nació en 1942, mientras que Xi Jinping nació en 1953. Ahora, desaparecidas estas limitaciones, los dos vicepresidentes actuales de China son mayores que Xi Jinping.

La importancia de Xi Jinping en la historia de China queda reflejada en la actual «doctrina oficial» del Partido Comunista Chino, que divide el periodo desde la toma de posesión de Mao en 1949 hasta la época actual en tres periodos: el periodo Mao Zedong, que identifican con el objetivo de «levantarse», el de Deng Xiaoping, que se identifica con «enriquecerse», y el de Xi Jinping, identificado con «fortalecerse». En la constitución china se ha incluido «el pensamiento de Xi Jinping» manifestado en sus escritos junto al «pensamiento de Mao» y al «pensamiento de Deng Xiaoping».

La equiparación de Xi Jinping con los dos grandes líderes de la China comunista, Mao y Deng Xiaoping, ilustra la importancia que la China actual concede al liderazgo carismático de Xi Jinping.

Hay que reconocer que la crisis del coronavirus le ha llegado a China como una extraordinaria oportunidad. En este año 2020 no hay ningún evento político digno de mención. En 2021 se celebra, como ya hemos dicho, el centenario de la creación del Partido Comunista Chino; en 2022, el XX Congreso del Partido Comunista Chino, y en 2023, la toma de posesión para un tercer mandato de Xi Jinping. Además, en 2022 se celebrará en China un extraordinario evento deportivo: las Olimpiadas de Invierno. Pekín será la única ciudad del mundo que haya albergado unos Juegos Olímpicos de verano y de invierno. El impacto publicitario que estos Juegos supondrán para el régimen comunista chino sería similar al que generó en el mundo entero la impresionante ceremonia de inauguración de los Juegos Olímpicos de Verano de 2008. No hay mejor forma para China de comenzar la era del coronavirus.

La piedra angular de la estrategia china para la era del coronavirus es la Ruta y el Cinturón de la Seda.

En el verano de 2013, Xi Jinping llegó a Astaná, la capital de Kazajistán, para pronunciar un discurso en su universidad titulado «Promover la amistad entre los pueblos y crear un futuro mejor». En ese discurso dijo: «Durante milenios, los pueblos de los distintos países de la antigua Ruta de la Seda han escrito conjuntamente un capítulo de amistad que llega hasta este mismo día. Es el momento de revitalizar una Nueva Ruta y un Cinturón de la Seda del siglo XXI».

El objetivo inicialmente planteado por China con la Ruta y el Cinturón de la Seda era financiar infraestructuras que fueran desde China hasta Europa Oriental, tanto por mar como por tierra, por un total de un billón de dólares, algo que se concretaría en unos mil proyectos centrados sobre todo en el transporte, las infraestructuras y el sector energético. El objetivo de la Ruta y el Cinturón de la Seda también ha sido definido como una nueva globalización con características chinas. Por eso, este objetivo se ha ido ampliando, así como la zona geográfica de la Ruta y el Cinturón, hasta abarcar ochenta países de Asia, Oriente Próximo, Turquía y los países de Europa Oriental, a los que se han añadidos diversos Estados de África y el Caribe. La población que abarca este descomunal proyecto es de cuatro mil cuatrocientos millones de habitantes, que constituyen el 60 % de la población mundial y cuyo PIB es el 30 % del total mundial.

China ha creado el Foro de Cooperación Internacional del Cinturón y la Ruta, que se reunió por primera vez en Pekín en mayo de 2017. En su discurso inaugural, Xi Jinping dijo: «La iniciativa de la Ruta y el Cinturón sumará esplendor a la civilización humana y ayudará a construir una nueva era de armonía y comercio». Se debía refería a la era del coronavirus.

La Ruta hace referencia a «infraestructuras marítimas», fundamentalmente portuarias, con objeto de conectar las vías navegables del océano Índico, el golfo Pérsico, el mar

Rojo y el Mediterráneo, con especial atención al estrecho de Malaca, que tiene para China una extraordinaria importancia estratégica, dado que por él pasan el 40 % de de las mercancías que entran o salen de China, y el Cinturón se refiere a «infraestructuras terrestres» que conecten China con el este de Europa.

La idea que subyace a esta descomunal inversión en infraestructuras es la de que, «si quieres ser rico, primero construye carreteras». Es la estrategia que siguió Roosevelt tras la crisis de 1929 para dinamizar la economía de los Estados Unidos con el llamado New Deal. Ha sido, así mismo, la estrategia seguida por la propia China para fomentar su gran desarrollo económico. China ha acuñado un eslogan que dice: «El mundo está mal y China tiene la solución: una comunidad de destino compartido para la humanidad».

Con la iniciativa de las Nuevas Rutas, China persigue tres objetivos:

a) Ofrecer su nuevo liderazgo en un momento de cambio mundial.
b) Llenar el vacío dejado por las políticas aislacionistas de los Estados Unidos y, en menor medida, de Europa.
c) Incrementar el poder económico y político de China en el mundo.

Por otra parte, las motivaciones principales que sustentan esta importantísima iniciativa son las siguientes. En primer lugar, la planificación de su desarrollo a largo plazo. De hecho, China es la única nación del mundo que tiene un plan estratégico que llega hasta el año 2049, en el que se celebra el centenario de la llegada del Partido Comunista Chino, con Mao Zedong al poder.

La segunda motivación es la transición de la propia economía de China de la industria a los servicios y de un crecimiento «de alta velocidad» a un crecimiento de «alta calidad».

La tercera motivación se vincula con generar posibilidades para que las empresas chinas encuentren nuevas oportunidades de negocios en el futuro. Hay una última motivación, que es la de la seguridad. China pretende mantener una especial relación con sus vecinos, para lo que ha creado el Grupo de Coordinación Cuadrilateral con Afganistán, Pakistán y Tayikistán.

El objetivo inicialmente planteado por China con la Ruta y el Cinturón de la Seda era financiar infraestructuras que fueran desde China hasta Europa Oriental, tanto por mar como por tierra, por un total de un billón de dólares.

La colaboración financiera en los proyectos de cada país se realiza a través de préstamos a bajo tipo de interés y a muy largo plazo. En ocasiones China admite el pago en especie cuando alguno de los países no puede hacer frente a su deuda con China. Así, Tayikistán cedió varios cientos de kilómetros cuadrados de su territorio para la condonación de una parte de su deuda. Y el puerto de Hambantota, en Sri Lanka, al no ser rentable, fue arrendado por un periodo de noventa y nueve años a una empresa china.

Precisamente este endeudamiento masivo que la aparente generosidad de China está provocando en muchos países ha llevado a considerar que China está desarrollando un nuevo modo de colonización internacional: la colonización financiera.

Visto lo anterior, está claro que China se encuentra en un momento extraordinario para aprovechar las nuevas oportunidades que le está generando la crisis del coronavirus. Pero la emergencia de China como potencia hegemónica tiene que hacerse venciendo la natural resistencia que le pondrán los Estados Unidos. La conocida «trampa de Tucídides», el famoso historiador del siglo v a. C., deriva de su descripción de las guerras del Peloponeso, en la que señala cómo el crecimiento económico político y militar de Atenas, después de su victoria en la batalla de Salamina sobre los persas y del extraordinario periodo del reinado de Pericles, choca con los intereses de Esparta como potencia hegemónica de Grecia y del mar Egeo, lo que provocó una guerra que duró del 431 al 404 a. C. y que terminó con la victoria de Esparta. Desde entonces, se considera como «trampa de Tucídides» el conjunto de eventos que crean las condiciones para que una potencia emergente desafíe el predominio de la potencia hegemónica, lo que inevitablemente se salda con una guerra de grandes proporciones.

Esta es la cuestión que más preocupa sobre la evolución del desarrollo de la historia a lo largo del siglo xxi, dado que China desafía claramente la actual hegemonía de los Estados Unidos. Aunque China nunca ha tenido pretensiones de conquista de nuevos territorios dada su considerable extensión de diez millones de kilómetros cuadrados, sí que está interesada en incrementar su influencia en el mundo para aprovechar los beneficios de la globalización y evitar sus costes. La única excepción al tema territorial es su reivindicación sobre la isla de Formosa, Taiwán.

En cualquier caso, la guerra no tiene por qué tener necesariamente un componente militar. De hecho, el «equilibrio del terror» hace muy difícil una confrontación atómica entre grandes potencias, dado que eso supondría su propia destrucción y posiblemente la destrucción de la humanidad. Esta es la razón por la que la Tierra está viviendo el mayor periodo de paz mundial en su historia. No hay una gran guerra desde 1945, cuando finalizó la Segunda Guerra Mundial, hace ya setenta y cinco años. Solo se producen guerras limitadas, como las de Siria, Irak, Yemen o los Balcanes, sin que exista el peligro de una conflagración mundial.

Pero, en cualquier caso, la guerra no tiene por qué tener exclusivamente un componente militar. Las guerras del siglo XXI se desarrollan en otros ámbitos, como el comercial, el tecnológico y el institucional. Es precisamente en estos ámbitos donde, desde la llegada de Trump a la presidencia de los Estados Unidos, se han comenzado a producir lo que podríamos identificar como las primeras escaramuzas.

La guerra comercial la desencadena Trump en abril de 2018, cuando anunció una primera subida de aranceles por valor de sesenta mil millones de dólares a más de mil productos importados de China, entre ellos el acero y aluminio. China reaccionó imponiendo aranceles a productos agrícolas de los Estados Unidos. En septiembre de 2018 Trump anunció una nueva subida de aranceles a otro conjunto de productos importados de China por valor de doscientos mil millones de dólares, según Trump, para compensar el hecho de que las ventas de productos de China a los Estados Unidos duplican a las de los Estados Unidos a China. Lógicamente, China va reaccionando a cada medida de los Estados Unidos con las correspondientes contramedidas. Y así hemos llegado a 2020, a la espera de cómo se desarrollará en el futuro esta guerra comercial en función del resultado de las elecciones de los Estados Unidos. Si Trump obtiene la reelección, se puede prever que la guerra comercial se intensifique.

Hasta el pasado mes de marzo se daba por hecho que Trump ganaría cómodamente las elecciones de noviembre. Pero, si nos atenemos a la historia electoral de los Estados Unidos, se observa que después de cada gran crisis, como la actual del coronavirus, los presidentes no han sido reelegidos. Así, Ford perdió contra Carter después de la crisis del petróleo de 1973, Carter perdió contra Reagan en la segunda crisis del petróleo de 1979 y Bush perdió frente a Clinton tras la invasión de Kuwait en el año 1990.

A este respecto, el hecho de que por primera vez en su historia la primera potencia del planeta haya renunciado a encabezar la lucha sanitaria y económica contra el coronavirus, mientras China responde con una campaña muy agresiva para mejorar su imagen pública a nivel internacional, puede pasarle factura a Trump, aunque en estos momentos tiene un índice de popularidad muy elevado, lo que haría difícil su no reelección.

Otra dimensión en la que se está librando la guerra entre China y los Estados Unidos es en la tecnológica. Existe una carrera abierta por liderar las tecnologías vinculadas a la inteligencia artificial y al 5G en la que China parece que puede conseguir una considerable ventaja. De esta guerra tecnológica, el episodio más llamativo ha sido la detención en Canadá de la hija del fundador y presidente de Huawei por no respetar las sanciones contra Irán a través de la empresa brasileña SkyOne, con la que Huawei tiene un acuerdo estratégico. En estos momentos, la que sigue siendo vicepresidenta de Huawei se encuentra en arresto domiciliario en Vancouver, Canadá, a la espera de su extradición a los Estados Unidos. Cabe destacar que Huawei está construyendo en China un laboratorio de investigación sobre inteligencia artificial que puede albergar hasta a diez mil investigadores.

La tercera dimensión en la que se está produciendo la guerra entre los Estados Unidos y China es la institucional. Trump está empeñado en una campaña de destrucción, desmantelamiento o disminución de su participación en organismos internacionales que van desde la Organización Mundial del Comercio hasta la Organización Mundial de la Salud o la Unión Europea.

Por su relevancia en la crisis del coronavirus, nos referiremos a la Organización Mundial de la Salud. El 14 abril Trump anunció que suspendía temporalmente la financiación anual, de más cuatrocientos millones, a la Organización Mundial de la Salud por considerar que estaba colaborando en el encubrimiento de las malas prácticas de China en el comienzo de la crisis del coronavirus. La cuestión es: ¿Trump lleva razón? Lo que está haciendo sistemáticamente China es ir ocupando los vacíos de poder que los Estados Unidos van dejando. Eso ocurrió con la Organización Mundial de la Salud. Tras el brote del SARS en 2003, China comprendió el verdadero potencial de esta organización en casos de crisis sanitaria. Y mientras los Estados Unidos se centraban en consolidar o transformar «centros de poder» aparentemente más relevantes, como el Fondo Monetario Internacional, la Organización del Comercio o la OTAN, China maniobró para controlar la presidencia de la Organización Mundial de la Salud. El actual presidente, el etíope Tedros Adhanom, llegó a la presidencia con el apoyo de China y de los países de la Unión Africana.

Etiopía es una de las cabezas de puente de China en su masivo desembarco en África; de hecho, está financiando una descomunal presa sobre el Nilo que ha generado importantes tensiones con Egipto. El presidente Tedros comenzó como militante del Frente de Liberación Popular de Tigray en Etiopía, partido de inspiración marxista, y llegó a la jefatura de la Organización Mundial de la Salud en mayo de 2017. La victoria de Tedros se cimentó sobre el apoyo de China, sus aliados y los cincuenta y cinco países de la Unión Africana, que en estos momentos están fuertemente endeudados con China gracias a la intervención masiva que este país está realizando en sus infraestructuras y en la explotación de minerales estratégicos. De hecho, Tedros sucedió a Margaret Chan, una pediatra chino-canadiense en cuya elección se implicó personalmente el entonces presidente chino Hu Jintao. Esto da una idea de la importancia estratégica que China ha concedido a la Organización Mundial de la Salud en la última década. Tedros viajó a China para entrevistarse con Xi Jinping a finales de enero y su posición sobre la crisis del coronavirus ha ido blanqueando las sucesivas acciones de China en todo el proceso.

La cuestión es que, aunque Trump pueda llevar razón, el anuncio de la suspensión de la financiación de los Estados Unidos a la Organización Mundial de la Salud se ha producido en plena crisis mundial del coronavirus, lo que ha aprovechado inmediatamente China para acusar a los Estados Unidos de insolidario, acusación a las que se han sumado la Unión Europea y otras muchas instancias internacionales. Es lo que tiene gobernar a golpe de impulso y lo que justifica la gran cantidad de altos funcionarios vinculados a Trump que han dimitido o han sido cesados en este periodo presidencial, lo que ha hecho que a la Casa Blanca se la esté calificando, en algunos medios, de «Locolandia».

Respecto de la Unión Europea, baste citar las recientes declaraciones de Trump al respecto: «Amamos a los países de la Unión Europea, pero la Unión Europea se creó para aprovecharse de los Estados Unidos, y eso no podemos permitirlo […]. La Unión Europea tal vez sea tan mala como China, salvo que más pequeña». Lo que tiene de bueno Trump es su claridad expositiva. Después de estas declaraciones nadie se puede extrañar de su apoyo al *brexit*.

La impulsividad y la improvisación de Trump han llegado a límites sorprendentes. Por ejemplo, en una crisis con Catar, que está enfrentada a Arabia Saudita y es próxima a Irán, Trump anunció un bloqueo y una posible intervención en el pequeño país del Golfo. Al día siguiente tuvo que rectificar porque sus asesores militares le informaron de que en Catar está ubicada la base naval más importante de los Estados Unidos en Oriente Medio, con capacidad para unos diez mil marines.

Los eslóganes de Trump «América primero» y «Hagamos a América grande de nuevo» ilustran la estrategia aislacionista de los Estados Unidos, algo que prácticamente les está dejando sin amigos en el mundo. El filósofo e historiador William James Durant afirmaba: «Una gran civilización no es conquistada desde fuera hasta que se destruye a sí misma desde dentro». Con las estrategias aislacionistas de los Estados Unidos y las autodestructivas de la Unión Europea se está dejando el camino libre a la hegemonía china en la era del coronavirus. Por eso no es de extrañar escuchar afirmaciones como la del primer ministro de Camboya, que dijo: «Por nuestro país aparecen muchas naciones con buenas ideas. Pero solo China trae las ideas y el dinero». O la del primer ministro serbio, quien ha afirmado recientemente: «La solidaridad europea no existe. Fue un bonito cuento de hadas. En este momento solo se puede confiar en China».

Por otra parte, China tiene una estrategia desideologizada y muy pragmática, como lo demuestran las palabras de Xi Jinping en el Foro para la Cooperación entre China y África, celebrado en Pekín en 2018. Definió la estrategia de los «cinco noes», a saber:

1) No interferir en los caminos de desarrollo elegidos por cada país.
2) No interferir en sus asuntos internos.
3) No imponer la voluntad de China.
4) No imponer condiciones políticas.
5) No buscar beneficios políticos propios en la inversión y la cooperación financiera.

Esta estrategia suena como música celestial en la mayoría de los regímenes autoritarios africanos.

Europa, por su parte, se encuentra sometida a un fuego cruzado. Por un lado está la declaración explícita de Trump, que ha amenazado con destruirla y apoyó con entusiasmo el *brexit*, y por otro lado está China, que puso en marcha desde 2012 la estrategia de cooperación denominada «16+1» con la que trata de establecer vínculos muy estrechos de inversión y de financiación con los antiguos países de la órbita comunista antes de la caída del muro de Berlín, a la que se ha sumado en agosto de 2019 Grecia, único país europeo que participa en el acuerdo «16+1» que nunca estuvo bajo la influencia de Moscú y que ha convertido el número de dicho acuerdo en «17+1».

En cualquier caso, la inteligente diplomacia china sabe jugar a todas las barajas. Nunca provocará un enfrentamiento directo como hace Trump. Lo veremos en la próxima cumbre Unión Europea-China que se celebrará en Leipzig. La Unión Europea llegará con buena parte de su economía destrozada, y China le puede ofrecer una especie de Plan Marshall. Sería algo así como: «Plan Xi Jinping para la Reconstrucción Europea». China no desaprovecha ninguna oportunidad.

Resumiendo, podemos decir que la era del coronavirus será testigo de la hegemonía mundial de China basada en seis grandes pilares:

1) Es el único país del mundo con una estrategia a largo plazo que llega hasta el año 2049, centenario de la llegada del Partido Comunista al poder.

2) Su estructura institucional de «comunismo de mercado» se está mostrando más eficiente, aunque mucho menos respetuosa con los derechos humanos, que la de las democracias occidentales. Por ejemplo, Xi Jinping podría permanecer en el poder hasta cumplir los setenta y nueve años, en 2032, mientras que Trump sabe que tiene que dejar el poder en 2024. Con esto la continuidad de las políticas chinas está garantizada en el tiempo, mientras que en los Estados Unidos presidentes como Trump dedican buena parte de su tiempo a desmontar todo lo hecho por el presidente anterior, en este caso, Obama. La impor-

tancia del «diseño institucional» queda perfectamente reflejada en el libro *Por qué fracasan los países* de Acemoğlu y Robinson. Así, el «diseño institucional chino», con un Partido Comunista de casi cien millones de disciplinados miembros como columna vertebral, es muy superior al caótico «diseño institucional» de la Unión Europea o al imperfecto diseño institucional español. En este caso, el fraccionamiento del Estado en diecisiete autonomías y una estructura de partidos políticos que hace que sistemáticamente los partidos regionalistas actúen como bisagras que determinan quién gobierna en España hacen que su diseño institucional sea estructuralmente ineficiente.

3) China tiene una extraordinaria fuerza de trabajo y un inmenso mercado interior, con sus mil cuatrocientos millones de habitantes.

4) Tiene, y lo ha explicitado en numerosas ocasiones, una clarísima vocación de «liderazgo mundial», algo que han abandonado tanto los Estados Unidos como Europa. Esta vocación de liderazgo está apoyada en el carismático «liderazgo personal» del presidente Xi Jinping.

5) Sus recursos financieros están soportados por los 3,5 billones de dólares de sus reservas, procedentes fundamentalmente de sus exportaciones, con lo que mantiene una extraordinaria capacidad de financiación de sus inversiones en el exterior.

6) Tiene una diplomacia agresiva y proactiva cuya función, entre otras cosas, es organizar todos los recursos chinos, tanto financieros como humanos, existentes en cada país.

Por primera vez, la inmigración china, que se ha ido acumulando en los distintos países a lo largo del tiempo, está siendo organizada desde las embajadas chinas para alinearla con los objetivos del Gobierno chino.

Vamos a detenernos un momento en la importancia de las embajadas chinas para la «estrategia global» del Partido Comunista Chino. Yo mismo fui protagonista del control que las embajadas de todo el mundo ejercen sobre cualquier asunto relacionado con China en cada uno de los países. Cuando publiqué el vídeo «El modelo parasitario chino de expansión económica» y el vídeo alcanzó en YouTube el medio millón de visitas, recibí la llamada de unos supuestos periodistas chinos que querían hacerme una entrevista. Yo acepté con la condición de que la entrevista se grabara y se subiera a YouTube. Estuvieron de acuerdo. La entrevista está en YouTube como «El modelo parasitario chino: la reacción china», aunque nunca fue publicada en ningún medio y supimos posteriormente que los supuestos periodistas pertenecían al servicio de inteligencia de la Embajada china en Madrid. El propio embajador llamó al rector de mi universidad para quejarse de la publicación del vídeo. Los comunistas chinos no solo ejercen el control y la censura dentro de China, sino que tratan de extenderla a los demás países a través de sus embajadas.

El tema del vídeo, que hace tiempo que superó ampliamente el millón de visitas, no terminó allí. En mayo de 2014 se publicó un artículo en el diario digital *Público*, que pertenece a Jaume Roures, titulado «El socio de Gao Ping acusa al CNI de construir el "caso Emperador" para "cazar" importadores chinos». En este artículo, cuya lectura recomiendo como ilustración de lo que se está comentando, aparece de nuevo una referencia al vídeo en cuestión y se me vincula al CNI, el servicio de inteligencia español. La relación de Jaume Roures, presidente y fundador de Mediapro, con China viene de lejos y se concretó en el año 2018 con la adquisición de una participación mayoritaria de un fondo de inversión chino, que compró el 53 % de las acciones de la empresa por un total de mil millones de euros.

A este respecto, uno de los mayores expertos en estrategia internacional de nuestro país, el coronel Pedro Baños, autor del libro *El dominio mundial,* publicado por Ariel en 2018, ha comentado recientemente en una entrevista en televisión que tanto el reparto de mascarillas llevadas en furgonetas por los emigrantes chinos ubicados en el barrio madrileño de Usera como la presencia de una colaboradora china en uno de los programas de máxima audiencia de las televisiones españolas forma parte de la estrategia del *soft power.*

Por otra parte, estas embajadas no solo se ocupan de controlar y, de alguna manera, de organizar a la inmigración china en los distintos países para alinearla con los objetivos del Gobierno chino, sino que también son las encargadas de organizar lo que el politólogo de la Universidad de Harvard Joseph Nye denominó *soft power* o «poder blando», que tiene que ver con la creación de una imagen positiva de China y del Gobierno chino en el exterior que podemos identificar con el desarrollo de una potente «marca de país». Podríamos identificar esta estrategia como «el arte de seducir», que desarrolla la convicción de que la seducción puede llegar a ser más poderosa que la coacción. Esta diplomacia la combina con otra, amenazante, agresiva y asertiva, denominada *wolf warrior diplomacy* o «diplomacia del lobo feroz», como la que utilizó recientemente, amenazando con represalias a la Unión Europea, para que modificara un informe sobre el origen y desarrollo del coronavirus, algo que la Unión Europea aceptó. Pero no solo China utiliza la estrategia de la «diplomacia agresiva», Trump, que a mediados de abril expresó su convencimiento de que el coronavirus era un producto de laboratorio, ha amenazado a principios de mayo con sanciones contra China por su mala gestión de la crisis del coronavirus. De hecho, Trump utiliza casi exclusivamente la «diplomacia agresiva» e ignora, irresponsablemente, la «diplomacia del poder blando». Precisamente la imprevisibilidad de Trump y su «matonismo», unido al «matonismo» de China, pueden complicar mucho las relaciones internacionales en los comienzos de la era del coronavirus. El mundo respiraría más tranquilo si el presidente fuese Joe Biden.

China es el único país del mundo que tiene una estrategia perfectamente definida para controlar y organizar la enorme emigración china en el mundo, con lo que multiplica su capacidad para desarrollar su estrategia de «hegemonía mundial en la era del coronavirus». Solo se le podría aproximar, a una dimensión cuantitativamente mucho menor, el Estado de Israel.

Si consideramos, pues, que una de las grandes características de la era del coronavirus que ahora comienza es la hegemonía china, vamos a enunciar otras tendencias que se apuntan para configurar esta era:

1) Refuerzo y extensión de los regímenes autoritarios como consecuencia de un incremento en la demanda de seguridad de los ciudadanos de muchos países.

2) Incremento del control de los ciudadanos mediante las nuevas tecnologías de la información y la inteligencia artificial, lo que convertirá a muchas sociedades en auténticos Gran Hermano, con sus ciudadanos permanentemente controlados.

3) Incremento de las relaciones virtuales en el trabajo a través del teletrabajo.

4) Incremento de las relaciones virtuales en la enseñanza a través de la formación *online*.

5) Incremento de las relaciones virtuales en la medicina a través de la telemedicina, sobre todo en la atención primaria.

6) Incremento de las relaciones virtuales en las relaciones personales, incluidas las más íntimas. Se considera que se incrementarán tanto la realidad virtual como la realidad aumentada y también que habrá un extraordinario aumento del sexo sin contacto físico, del sexo virtual.

7) El repliegue de muchas empresas hacia sus países de origen, la «relocalización», provocará un incremento de los costes de producción, lo que generará una previsible inflación de costes. La relocalización es cara.

8) Aumentará la atención tanto de los políticos como de los inversores hacia la posible aparición de «cisnes negros», que son eventos de baja probabilidad y potencialmente devastadores que están apareciendo cada vez con mayor frecuencia. La última generación de jóvenes presenció la caída del muro de Berlín en 1989, el 11S en 2001 y el hundimiento de Lehman Brothers y la subsiguiente crisis financiera de 2008. La pandemia del coronavirus sería el cuarto «cisne negro».

9) Disminución de las «economías de aglomeración», entendidas como la concentración de determinados sectores en lugares geográficamente específicos, como los muebles en Toledo, los azulejos en Castellón o las nuevas empresas en sectores avanzados en Silicon Valley, en Singapur, en Tel Aviv o en Shanghái. Estas aglomeraciones pueden generar externalidades negativas, como la polución, el tráfico, la carestía del suelo o la amenaza de contagios como la del coronavirus. Esto, unido a la creciente «virtualización» de las relaciones laborales y sociales, puede llevar a un incremento de la preferencia de los jóvenes por vivir en poblaciones pequeñas o incluso en el campo, lo que frenará el proceso de urbanización y desruralización que se está dando en la mayor parte de los países. En muchos casos, las segundas residencias podrían convertirse en primeras residencias.

10) Y, por último, el incremento de la «estatalización» de muchas actividades en detrimento de la iniciativa privada. Esta estatalización llevará consigo, como vimos an-

teriormente, una disminución de la privacidad a través del uso intensivo de las nuevas tecnologías.

Estamos, por lo tanto, en un momento crítico de tránsito de una era que termina a una nueva era que ya hemos identificado como la era del dragón o del coronavirus. Estos tránsitos suelen ser convulsos, por lo que seguramente nos espera un largo periodo de crisis. A este respecto, conviene recordar la recomendación de Einstein para estas situaciones: «No pretendamos que las cosas cambien si siempre hacemos lo mismo. La crisis es la mejor bendición que puede sucederles a personas y países, porque la crisis trae progreso. La creatividad nace de la angustia como el día nace de la noche oscura. Es en la crisis donde nace la inventiva, los descubrimientos y las grandes estrategias. Quien supera la crisis se supera a sí mismo sin quedar "superado". Quien atribuye a la crisis sus fracasos y penurias violenta su propio talento y respeta más los problemas que las soluciones. La verdadera crisis es la crisis de la incompetencia. El inconveniente de las personas y de los países es la pereza para encontrar las salidas y las soluciones. Sin crisis no hay desafíos, sin desafíos la vida es una rutina, una lenta agonía. Sin crisis no hay méritos. Es en la crisis donde aflora lo mejor de cada uno, porque sin crisis todo viento es caricia. [...] Acabemos de una vez con la única crisis amenazadora, que es la tragedia de no querer luchar por superarla».

Pues eso, BIENVENIDOS A LA ERA DEL CORONAVIRUS.

Nota de los editores

En YouTube los lectores pueden encontrar vídeos del autor, el catedrático Julián Pavón, relacionados con los temas contenidos en este libro, entre ellos:

- «El modelo parasitario chino».
- «Las cartas marcadas de China».
- «Muerte y resurrección de Keynes».
- «Keynes versus Hayek con China al fondo».
- «El pesebre español y los 7 pecados capitales».
- «Ética global para una crisis global: de Moisés a Mandela».

Su opinión es importante.
En futuras ediciones, estaremos encantados
de recoger sus comentarios sobre este libro.

Por favor, háganoslos llegar a través de nuestra web:

www.plataformaeditorial.com

Para adquirir nuestros títulos,
consulte con su librero habitual.

«Ahora ya sé que el hombre es capaz
de grandes actos. Pero si no es capaz de un gran
sentimiento no me interesa.»*
ALBERT CAMUS

«*I cannot live without books.*»
«No puedo vivir sin libros.»
THOMAS JEFFERSON

Plataforma Editorial planta un árbol
por cada título publicado.

* Frase extraída de *Breviario de la dignidad humana* (Plataforma Editorial, 2013).